Friedrich Schröder
Die Nixe im Teich

Bibliografische Information der Deutschen Nationalbibliothek
Die Deutsche Nationalbibliothek verzeichnet diese Publikation in der Deutschen Nationalbibliografie; detaillierte bibliografische Daten sind im Internet über http://dnb.d-nb.de abrufbar.

Version 1.02
Umschlaggestaltung, Grafik und Layout: Dr. Lutz Müller
Titelbild: Aquarellierte Fassung des Bildes „A Meremaid" von John William Waterhouse, 1901, Royal Academy of Arts - London, England
Herstellung: Book on Demand GmbH., Norderstedt

ISBN: 978-3-939322-13-9

Friedrich Schröder

Die Nixe im Teich

Erotische Faszination und Wandlung

opus magnum

Dr. phil. Friedrich Schröder
Literaturwissenschaftler, Kulturhistoriker,
Erwachsenenpädagoge, Märchenforscher
und tiefenpsychologischer Interpret. Er lebt in Mannheim.

Bisherige Veröffentlichungen bei opus magnum:
Hänsel und Gretel.
Siddhartha – Suche nach Erleuchtung

Weitere Veröffentlichungen siehe: www.opus-magnum.de

Inhalt

Danksagung

Für geistig-seelische und praktisch-materielle Unterstützung danke ich ganz besonders herzlich meinem Herausgeber Dr. Lutz Müller und meiner tiefenpsychologischen Lehrerin Frau Prof. Dr. Dr. Ingrid Riedel sowie meinen Mitarbeitern Herrn Andreas Scheibner und Frau Ilona Dietsch, die alle vier es mir auf uneigennützige, großzügige Weise ermöglicht haben, dass ich dieses Buch schreiben und in der vorliegenden Form gestalten konnte.

Einleitung

Das Märchen „Die Nixe im Teich“ wurde von den Brüdern Grimm erst spät, 1843, in ihre Sammlung „Kinder- und Hausmärchen“ (KHM) aufgenommen. Vielleicht liegt es daran, dass dieses kleine Werk weniger bekannt als „Sneewittchen“, „Dornröschen“, „Frau Holle“, oder „Hänsel und Gretel“ ist. Trotzdem hat es etliche tiefenpsychologische Interpreten und Psychotherapeuten aus der Schule C. G. Jungs gereizt, gerade das „Nixen“-Märchen einer Deutung zu unterziehen.

Nun soll sich die vorliegende Arbeit nicht einfach nur nahtlos in die Reihe der bislang zum Thema erschienenen einschlägigen Aufsätze und Abhandlungen einordnen, sondern auch den Blick für andere Auslegungsansätze weiten, die dann ihrerseits die tiefenpsychologischen Ausführungen befruchten können.

Zunächst erfolgt eine Darstellung der Entwicklung des Nixenmotivs in Mythologie und Geistesgeschichte. Daran schließt sich eine Auflistung der wichtigsten Forschungsergebnisse aus dem Bereich der Literaturwissenschaft an. Religions- und sozialgeschichtliche Betrachtungsweisen ergänzen diese Perspektive.

Hier knüpft dann – quasi im dritten „Anlauf“ – die eigentliche Interpretation des Märchens an, die sich primär an der Analytischen Psychologie C. G. Jungs orientiert, aber auch durch mythologische, ethnologische und symbolgeschichtliche Gesichtspunkte angereichert bzw. amplifiziert wird.

1. Die Nixe im Teich

Der Text

Es war einmal ein Müller, der führte mit seiner Frau ein vergnügtes Leben. Sie hatten Geld und Gut, und ihr Wohlstand nahm von Jahr zu Jahr noch zu. Aber Unglück kommt über Nacht: Wie ihr Reichtum gewachsen war, so schwand er von Jahr zu Jahr wieder hin, und zuletzt konnte der Müller kaum noch die Mühle, in der er saß, sein Eigentum nennen. Er war voll Kummer, und wenn er sich nach der Arbeit des Tags niederlegte, so fand er keine Ruhe, sondern wälzte sich voll Sorgen in seinem Bett.

Eines Morgens stand er schon vor Tagesanbruch auf, ging hinaus ins Freie und dachte es sollte ihm leichter ums Herz werden. Als er über dem Mühldamm dahin schritt, brach eben der erste Sonnenstrahl hervor, und er hörte in dem Weiher etwas rauschen. Er wendete sich um und erblickte ein schönes Weib, das sich langsam aus dem Wasser erhob. Ihre langen Haare, die sie über den Schultern mit ihren zarten Händen gefasst hatte, flossen an beiden Seiten herab und bedeckten ihren weißen Leib.

Er sah wohl, dass es die Nixe des Teichs war und wusste vor Furcht nicht, ob er davongehen oder stehen bleiben sollte. Aber die Nixe ließ ihre sanfte Stimme hören, nannte ihn bei Namen und fragte, warum er so traurig wäre. Der Müller war anfangs verstummt; als er sie aber so freundlich sprechen hörte, fasste er sich ein Herz und erzählte ihr, dass er sonst in Glück und Reichtum gelebt hätte, aber jetzt so arm wäre, dass er sich nicht zu raten wüsste. „Sei ruhig," antwortete die Nixe, „ich will dich reicher und glücklicher machen, als du je gewesen bist, nur musst du mir versprechen, dass du mir geben willst , was eben in deinem Hause jung geworden ist." „Was kann das anders sein," dachte der Müller, „als ein junger Hund oder ein junges Kätzchen?" und sagte ihr zu, was sie verlangte.

Die Nixe stieg wieder in das Wasser hinab, und er eilte getröstet und guten Mutes nach seiner Mühle. Noch hatte er sie nicht erreicht, da trat die Magd aus der Haustüre und rief ihm zu, er sollte sich freuen, seine Frau hätte ihm einen kleinen Knaben geboren. Der Müller stand wie vom Blitz gerührt, er sah wohl, dass die tückische Nixe das gewusst und ihn betrogen hatte. Mit gesenktem Haupt trat er zu dem Bett seiner Frau, und als sie ihn fragte „warum freust du dich nicht über den schönen Knaben?" so erzählte er ihr, was ihm begegnet war und was für ein Versprechen er der Nixe gegeben hatte. „Was hilft mir Glück und Reichtum," fügte er hinzu, „wenn ich mein Kind verlieren soll? Aber was kann ich tun?" Auch die Verwandten, die herbeigekommen waren, Glück zu wünschen, wussten keinen Rat.

Indessen kehrte das Glück in das Haus des Müllers wieder ein. Was er unternahm, gelang, es war, als ob Kisten und Kasten von selbst sich füllten und das Geld im Schrank über Nacht sich mehrte. Es dauerte nicht lange, so war sein Reichtum größer als je zuvor. Aber er konnte sich nicht ungestört darüber freuen: Die Zusage, die er der Nixe getan hatte, quälte sein Herz. Sooft er an dem Teich vorbeikam, fürchtete er, sie möchte auftauchen und ihn an seine Schuld mahnen. Den Knaben selbst ließ er nicht in die Nähe des Wassers: „Hüte dich," sagte er zu ihm, „wenn du das Wasser berührst, so kommt eine Hand heraus, hascht dich und zieht dich hinab." Doch als Jahr auf Jahr verging und die Nixe sich nicht wieder zeigte, so fing der Müller an, sich zu beruhigen.

Der Knabe wuchs zum Jüngling heran und kam bei einem Jäger in die Lehre. Als er ausgelernt hatte und ein tüchtiger Jäger geworden war, nahm ihn der Herr des Dorfes in seine Dienste. In dem Dorf war ein schönes und treues Mädchen, das gefiel dem Jäger, und als sein Herr das bemerkte, schenkte er ihm ein kleines Haus; die beiden hielten Hochzeit, lebten ruhig und glücklich und liebten sich von Herzen.

Einstmals verfolgte der Jäger ein Reh. Als das Tier aus dem Wald in das freie Feld ausbog, setzte er ihm nach und streckte es endlich mit einem Schuss nieder. Er bemerkte nicht, dass er sich in der Nähe des gefährlichen Weihers befand, und ging, nachdem er das Tier ausgeweidet hatte, zu dem Wasser, um seine mit Blut befleckten Hände zu waschen. Kaum aber hatte er sie hineingetaucht, als die Nixe emporstieg, lachend mit ihren nassen Armen ihn umschlang und so schnell hinabzog, dass die Wellen über ihm zusammenschlugen.

Als es Abend war und der Jäger nicht nach Haus kam, so geriet seine Frau in Angst. Sie ging aus, ihn zu suchen, und da er ihr oft erzählt hatte, dass er sich vor den Nachstellungen der Nixe in Acht nehmen müsste und nicht in die Nähe des Weihers sich wagen dürfte, so ahnte sie schon, was geschehen war. Sie eilte zu dem Wasser, und als sie am Ufer seine Jägertasche liegen fand, da konnte sie nicht länger an dem Unglück zweifeln. Wehklagend und händeringend rief sie ihren Liebsten mit Namen, aber vergeblich: Sie eilte hinüber auf die andere Seite des Weihers und rief ihn aufs Neue. Sie schalt die Nixe mit harten Worten, aber keine Antwort erfolgte. Der Spiegel des Wassers blieb ruhig, nur das halbe Gesicht des Mondes blickte unbeweglich zu ihr herauf.

Die arme Frau verließ den Teich nicht. Mit schnellen Schritten, ohne Rast und Ruhe, umkreiste sie ihn immer von Neuem, manchmal still, manchmal einen heftigen Schrei ausstoßend, manchmal in leisem Wimmern. Endlich waren ihre Kräfte zu Ende: Sie sank zur Erde nieder und verfiel in einen tiefen Schlaf. Bald überkam sie ein Traum.

Sie stieg zwischen großen Felsblöcken angstvoll aufwärts; Dornen und Ranken hakten sich an ihre Füße, der Regen schlug ihr ins Gesicht, und der Wind zauste ihr langes Haar. Als sie die Anhöhe erreicht hatte, bot sich ein ganz anderer Anblick dar. Der Himmel war blau, die Luft mild, der Boden senkte sich sanft hinab und auf einer grünen, bunt beblümten Wiese stand eine reinliche Hütte. Sie ging darauf zu und öffnete die Türe, da saß eine Alte mit weißen Haaren, die ihr freundlich winkte.

In dem Augenblick erwachte die arme Frau. Der Tag war schon angebrochen, und sie entschloss sich gleich, dem Traum Folge zu leisten. Sie stieg mühsam den Berg hinauf, und es war alles so, wie sie es in der Nacht gesehen hatte. Die Alte empfing sie freundlich und zeigte ihr einen Stuhl, auf den sie sich setzen sollte. „Du musst ein Unglück erlebt haben," sagte sie, „weil du meine einsame Hütte aufsuchst." Die Frau erzählte ihr unter Tränen, was ihr begegnet war. „Tröste dich," sagte die Alte, „ich will dir helfen: Da hast du einen goldenen Kamm. Harre, bis der Vollmond aufgestiegen ist , dann geh zu dem Weiher, setze dich am Rand nieder und strähle dein langes schwarzes Haar mit diesem Kamm. Wenn du aber fertig bist, so lege ihn am Ufer nieder, und du wirst sehen, was geschieht."

Die Frau kehrte zurück, aber die Zeit bis zum Vollmond verstrich ihr langsam. Endlich erschien die leuchtende Scheibe am Himmel; da ging sie hinaus an den Weiher, setzte sich nieder und kämmte ihre langen schwarzen Haare mit dem goldenen Kamm, und als sie fertig war, legte sie ihn an den Rand des Wassers nieder. Nicht lange, so brauste es aus der Tiefe, eine Welle erhob sich, rollte an das Ufer und führte den Kamm mit sich fort. Es dauerte nicht länger als der Kamm nötig hatte, auf den Grund zu sinken, so teilte sich der Wasserspiegel und der Kopf des Jägers stieg in die Höhe. Er sprach nicht, schaute aber seine Frau mit traurigen Blicken an. In demselben Augenblick kam eine zweite Welle herangerauscht und bedeckte das Haupt des Mannes. Alles war verschwunden, der Weiher lag so ruhig wie zuvor und nur das Gesicht des Vollmondes glänzte darauf.

Trostlos kehrte die Frau zurück, doch der Traum zeigte ihr die Hütte der Alten. Abermals machte sie sich am nächsten Morgen auf den Weg und klagte der weisen Frau ihr Leid. Die Alte gab ihr eine goldene Flöte, und sprach: „Harre, bis der Vollmond wieder kommt, dann nimm diese Flöte, setze dich an das Ufer, blas ein schönes Lied darauf, und wenn du damit fertig bist, so lege sie auf den Sand; du wirst sehen, was geschieht."

Die Frau tat, wie die Alte gesagt hatte. Kaum lag die Flöte auf dem Sand, so brauste es aus der Tiefe: eine Welle erhob sich, zog heran und führte die Flöte mit sich fort. Bald darauf teilte sich das Wasser, und nicht bloß der Kopf, auch der Mann bis zur Hälfte des Leibes stieg hervor. Er breitete voll Verlangen seine Arme nach ihr aus, aber eine zweite Welle rauschte heran, bedeckte ihn und zog ihn wieder hinab.

„Ach, was hilft es mir," sagte die Unglückliche, „dass ich meinen Liebsten nur erblicke, um ihn wieder zu verlieren." Der Gram erfüllte aufs Neue ihr Herz, aber der Traum führte sie zum dritten Mal in das Haus der Alten. Sie machte sich auf den Weg, und die weise Frau gab ihr ein goldenes Spinnrad, tröstete sie und sprach: „Es ist noch nicht alles vollbracht, harre, bis der Vollmond kommt, dann nimm das Spinnrad, setze dich an das Ufer und spinn die Spule voll, und wenn du fertig bist, so stelle das Spinnrad nahe an das Wasser, und du wirst sehen, was geschieht."

Die Frau befolgte alles genau. Sobald der Vollmond sich zeigte, trug sie das goldene Spinnrad an das Ufer und spann emsig, bis der Flachs zu Ende und die Spule mit dem Faden ganz angefüllt war. Kaum aber stand das Rad am Ufer, so brauste es noch heftiger als sonst in der Tiefe des Wassers, eine mächtige Welle eilte herbei und trug das Rad mit sich fort. Alsbald stiegen mit einem Wasserstrahl der Kopf und der ganze Leib des Mannes in die Höhe. Schnell sprang er ans Ufer, fasste seine Frau an der Hand und entfloh. Aber kaum hatten sie sich eine kleine Strecke entfernt, so erhob sich mit entsetzlichem Brausen der ganze Weiher und strömte mit reißender Gewalt in das weite Feld hinein. Schon sahen die Fliehenden ihren Tod vor Augen; da rief die Frau in ihrer Angst die Hilfe der Alten an, und in dem Augenblick waren sie verwandelt, sie in eine Kröte, er in einen Frosch. Die Flut, die sie erreicht hatte, konnte sie nicht töten, aber sie riss sie beide voneinander und führte sie weit weg.

Als das Wasser sich verlaufen hatte und beide wieder den trockenen Boden berührten, so kam ihre menschliche Gestalt zurück. Aber keiner wusste, wo das Andere geblieben war; sie befanden sich unter fremden Menschen, die ihre Heimat nicht kannten. Hohe Berge und tiefe Täler lagen zwischen ihnen. Um sich das Leben zu erhalten, mussten beide die Schafe hüten. Sie trieben lange Jahre ihre Herden durch Feld und Wald und waren voll Trauer und Sehnsucht.

Als wieder einmal der Frühling aus der Erde hervorgebrochen war, zogen beide an einem Tag mit ihren Herden aus, und der Zufall wollte, dass sie einander entgegenzogen. Er erblickte an einem fernen Bergesabhang eine Herde und trieb seine Schafe nach der Gegend hin. Sie kamen in einem Tal zusammen, aber sie erkannten sich nicht, doch freuten sie sich, dass sie nicht mehr so einsam waren. Von nun an trieben sie jeden Tag ihre Herde nebeneinander: Sie sprachen nicht viel, aber sie fühlten sich getröstet.

Eines Abends, als der Vollmond am Himmel schien und die Schafe schon ruhten, holte der Schäfer die Flöte aus seiner Tasche und blies ein schönes, aber trauriges Lied. Als er fertig war, bemerkte er, dass die Schäferin bitterlich weinte. „Warum weinst du?" fragte er. „Ach," antwortete sie, „so schien auch der Vollmond, als ich zum letzten Mal dieses Lied auf der Flöte blies und das Haupt meines Liebsten aus dem Wasser hervorkam." Er sah sie an, und es war ihm, als fiele eine Decke von den Augen; er erkannte seine liebste Frau: Und als sie ihn anschaute und der Mond auf sein Gesicht schien, erkannte sie ihn auch. Sie umarmten und küssten sich, und ob sie glückselig waren, braucht keiner zu fragen.[1]

2. Geistesgeschichtliche Interpretation der Nixengestalt

Nach gängiger, allgemeiner Auffassung ist die Nixe eine Frau, die im Wasser lebt. In vielen Überlieferungen von Sagen und Märchen erscheint sie aber nur oberhalb der Gürtellinie als weibliches Wesen und hat unten einen Fisch- oder Schlangenleib. Die erste fischschwänzige Gottheit, die der heutigen Vorstellung von Nixe entsprach, war die syrische Mondgöttin Derceto.

Aber schon in den heiligen Büchern der alten Inder, den Veden, tauchten überirdische Wasserfrauen auf. Sie hießen „Apsaras", d. h. „auf dem Wasser bewegend", und waren mit prophetischen Gaben ausgestattet, bevölkerten den Hindu -Götterhimmel und tanzten, sangen und musizierten dort besonders auf Lauten und Zimbeln. Im alten China und Japan gab es die Vorstellung von Drachenfrauen, die in Palästen auf dem Grund des Meeres hausten, aber auch unter Menschen lebten und Krankheiten mit Hilfe von Heilkräutern behandeln und heilen konnten.

Auch die griechische Antike kannte nixenartige Wesen und nannte sie Wassernymphen, die entweder als Nereiden und Okeaniden im Meer lebten oder als Najaden in Quellen, Flüssen und Strömen wohnten. Man hat sich diese Nymphen mit, aber auch ohne Fischschwanz vorgestellt. Aphrodite, die Göttin der Liebe und Schönheit, wurde im Schaum des Meeres geboren und ist daher die wichtigste griechische Wassergöttin. Die Römer nannten sie später Venus.

Die bekanntesten Meerfrauen im alten Hellas waren aber die

Sirenen, die durch ihren betörenden Gesang Männer unwiderstehlich anlockten, um sie zu töten, und die so zum Inbegriff weiblicher Verführungskunst wurden. Ursprünglich betrachtete man sie als Mischwesen, die halb Frau, halb Vogel waren. Später verloren sie ihren Vogelleib und erhielten einen Fischschwanz.

Da also die Vorstellung von der Wasserfrau in vielen alten Kulturen beheimatet war, hat sie archetypischen Charakter; d. h. sie kommt einem Urbild nahe, das im kollektiven Unbewussten der ganzen Menschheit existiert und sich in der Gestalt des weiblichen Wasserwesens zu unterschiedlichen Zeiten und auf verschiedenen Teilen der Erde Ausdruck verschaffte.[2]

Die psychologische Ausprägung dieses Phänomens ist der Archetyp der Großen Mutter, der in der orientalischen Fruchtbarkeitsgöttin seine bekannteste mythologische Erscheinung fand. In ihr vermischten sich neben den schon erwähnten Derceto und Aphrodite die sumerisch-babylonische Inanna-Ischtar, die bei den Phöniziern Astarte hieß, die philistäisch-syrische Atargatis, deren hebräischer Name Aschtoreth (bzw. Aschera oder auch Astarte) lautete, und die palästinensische Anat und verschmolzen zu einer neuen Einheit, die später noch durch die römische Venus und die ägyptische Isis ergänzt wurde.

Der Kult dieser umfassenden Göttin der Liebe, des Lebens und des Todes breitete sich von Palästina und Phönizien im ganzen Mittelmeerraum über Zypern und Kreta bis Karthago und Sizilien aus. Er gelangte von der Insel Kythera auch nach Korinth und Athen. Die Griechen hatten Schwierigkeiten mit der Aussprache einiger fremder Namen und verwandelten die hebräische Aschtoreth in Aphrodite sowie die syrische Atargatis in Derceto. Neben der Schlange und dem Schwein waren der vorderasiatischen Liebesgöttin besonders die Taube, der Fisch und der Delphin heilig, wobei die alten Griechen zwischen den beiden zuletzt genannten Tierarten nicht so richtig unterscheiden konnten und den Delphin als Fisch ansahen.

In syrischen Städten gab man Atargatis-Derceto die Gestalt einer Nixe, deren Leib in einem Schuppenschwanz auslief, und verehrte darin auch Aphrodite. Diese Erscheinungsform im Wasser wurde als Symbol der göttlichen Fruchtbarkeit aufgefasst, die das Leben hervorbringt, erhält und auch erneuert.

Der Fisch oder Delphin war nicht nur in dieser Hinsicht ein Sinnbild für den Uterus, sondern repräsentierte auch die Muttergöttin selbst und fungierte oft als ihr Reittier. Die frühesten Darstellungen zeigten die Gottheit meist in Tierform und erst später in anthropomorpher Gestalt. Dann trat sie häufig auch mit einem männlichen Begleiter auf, der sich fast immer als ihr sterblicher, aber von ihr stets zum Leben erweckter Sohn- oder Brudergeliebter erwies.

Dieser Heros der Göttin hatte zwar verschiedene Namen, jedoch oft ein ähnliches Schicksal, das um Liebe, Tod und Wiedergeburt kreiste. So war Dumuzi-Tammuz der Inanna-Ischtar, Hadad der Atargatis-Derceto, Baal der Aschtoreth-Astarte-Anat, Adonis der Aphrodite-Venus und Osiris der Isis zugeordnet. Die Partner der Mutter- oder Schwestergattinnen erschienen als Wetter- oder Unterweltsgott, König, Jäger oder Hirte.[3]

Auf der sprachgeschichtlichen Ebene tauchte das Wort „Nixe“ zum ersten Mal unter der Bezeichnung „nicchessa“ gegen Ende des zehnten Jahrhunderts in den Werken Notkers des Deutschen (950-1022) auf und verwies auf eine weibliche, im Wasser lebende Gestalt. Die erste Silbe des Wortes „nicchessa“, nämlich „nic“, könnte mit dem Fluss Neckar zu tun haben, der im Jahr 757 als „Nihhar“ oder „Nicarus“ bezeugt wurde und wahrscheinlich als Gott verehrt worden war.

„Nicchessa“ oder „Nicchussa“ dürfte aus den Wortwurzeln „nic“ und „dusia“ entstanden sein, wobei „dusia“ ein übernatürliches weibliches Wesen, also eine Art Göttin meinte. Da „nic“ von „Neckar“ kommt, könnte das Wort „nicchussa“ eine weibliche Flussgottheit namens Nic bedeuten. Sie ist nirgends belegt. Dagegen ergibt sich aus „Nic“ der Name Nikolaus.

In der Tat war der Nikolauskult mit den Gewässern verbunden, mit Quellen, Flüssen und dem Meer. Der Heilige, der mit diesem Namen in Verbindung stand, wurde als Schutzpatron der Schiffer und der an den Strömen wohnenden Menschen verehrt. Meist begleitete ihn aber eine Art Dämon, der Knecht Ruprecht, Nickel, Leutfresser und Düsseli genannt wurde, wobei „Nickel“ auf „Nixe“ und „Düsseli“ auf „nic-dusia“ verweisen.

Der doppeldeutigen Gestalt des „guten“ St. Nikolaus und des „bösen“ Knecht Ruprecht entsprach jedoch durchaus die innere Gegensätzlichkeit der alten Wassergeister, die meist neben einem positiven, hilfreichen, gütigen Aspekt auch einen negativen, gefährlichen, boshaften Zug besaßen. Daher schimmerten hinter den beiden christlichen Personen noch die heidnischen Gottheiten durch.[4]

Nixen waren z. B. auch Hüterinnen von Quellen und deren heilender Wirkung. In dieser Funktion wurden sie später von christlichen Schutzpatroninnen, sei es von heiligen Frauen, sei es von Maria selbst, abgelöst. Schon in den heroischen Sagen und Heldenliedern aus der Vorzeit des germanischen Volkes spielen Wasserfrauen eine bedeutende Rolle. An entscheidenden Stellen der Handlung begegnet der Held meist einer Nixe, Fee oder Brunnenfrau. Dieses geheimnisvolle überirdische weibliche Wesen steht ihm in jeder schwierigen Situation bei, berät ihn bei seinen Entscheidungen, sagt ihm die Zukunft voraus, pflegt ihn, heilt seine Wunden, stärkt ihn für kommende Aufgaben und erscheint noch hilfreich in seiner Sterbestunde.

Im „Nibelungenlied“, dem wohl bekanntesten deutschen Heldenepos, dessen Kern eine germanische Sage von ca. 450 ist, die aber erst um 1200 von einem unbekannten Dichter aufgeschrieben wurde, heißt die Mutter des Drachentöters Siegfried Siglind, die eine Wasserfrau gewesen sein könnte. Später, nachdem der große Heros umgebracht worden ist, sagt eine Nixe, die ebenfalls den Namen Siglind trägt, Siegfrieds Mörder Hagen kurz vor der Überquerung der Donau den Untergang des ganzen Nibelungengeschlechts voraus. Hier werden das Wasserwesen und seine beiden Schwestern „wisiu wip“, also „weise Frauen“, genannt.[5]

Ein anderes Heldenepos, das dem Sagenkreis Dietrichs von Bern, des Ostgotenkönigs Theoderich, um 500 entstammt, aber erst um 1280 von einem Anonymus verfasst und einige Jahre später von dem Österreicher Heinrich dem Vogler bearbeitet wurde, ist „Die Rabenschlacht“. Darin verfolgt Dietrich von Bern seinen Feind Wittich, um ihn zu töten. Doch dieser entkommt durch Flucht ins Meer, wo er von seiner Ahnfrau und Urgroßmutter Wächild hilfreich aufgenommen wird. Diese Wasserfrau, gleichsam „Hilde der Wogen“, die den Helden in letzter Minute rettet, hat ein geheimes Wissen um das Schicksal und kann die Zukunft voraussagen.

Wie die Nixe aus dem Leben führt, so führt sie auch in es ein. Neben diesen mütterlichen Zügen tritt sie auch schon früh immer wieder als Geliebte auf, wenn sie sich aus ihrem Element begibt. Dabei wird sie vom Eros als dem Prinzip des Verbindens und der Bezogenheit ganz bestimmt. Sie steht dann auch in einer Liebesbeziehung zu einem Mann oder versucht eine solche herzustellen.

Die Wasserfrau lebt darauf eine Zeit lang mit ihrem menschlichen Partner zusammen, gebärt ihm einige Kinder und verschafft ihm Ruhm, Glück und Wohlstand. So ist sie fruchtbar und fruchtbringend in vieler Hinsicht. Ihre vielfältigen Fähigkeiten in den Bereichen des Triebes, des Gefühls und der Intuition verweisen auf ihren Bezug zu den Kräften der Natur, der Tiefe und damit des Unbewussten.[6]

Die Bedeutung der Nixe, die auch von den alten Germanen als Wassergottheit verehrt wurde, erfuhr noch dadurch eine gewisse Erweiterung, dass die Frau in der Gesellschaft der heidnischen Vorzeit Mitteleuropas eine besondere Stellung innehatte, indem jeder germanische Mann seiner Gattin die Fähigkeit zu tiefer Wesensschau und weiser Lebensklugheit zutraute und ihr daher sogar Ehrfurcht entgegenbrachte.

Auch waren die Gottheiten der Germanen mehrheitlich weiblicher Natur. Die Nixen verkörperten daher eine Weisheit, die in den Tiefen des weiblichen Gefühls gründete. Ihr Lebensraum, das Wasser, wurde zum Symbolraum für den Bereich des Unbewussten, aus dem die Frau ihre heilende Kraft und Fruchtbarkeit schöpfte.

Diese Einstellung bildete natürlich einen krassen Gegensatz zum Christentum als einer Religion des Bewusstseins und der männlichen Dreifaltigkeit. Die katholische Kirche bekämpfte daher den alten heidnischen Götterglauben erbittert und versuchte ihn auszurotten. Schon in der Zeit der fränkischen Merowingerkönige zwischen 500 und 750 gab es heilige Personen und geweihte Objekte zu Schutz und Abwehr gegen die Wassergeister.

Karl der Große, der im Jahre 800 zum Kaiser gekrönt wurde,

soll nach einer Sage sogar eine Liebesbeziehung zu einer Nixe gehabt haben, der er seine Kraft und Energie verdankte. Einmal entdeckte er unter ihrer Zunge ein Goldkorn, das er ihr wegnehmen ließ, worauf sie tot liegen blieb. Er ehrte sie darauf doppelt mit dem Bau der Züricher Wasserkirche und des Aachener Münsters. Der christlich getaufte Herrscher entledigte sich hier der Kraft, die ihn fruchtbar und liebesfähig machte, und verherrlichte auf deren Trümmern die Macht des neuen, männlich geprägten Glaubens.

Das Christentum dämonisierte die alten germanischen Wassergottheiten immer mehr und machte sie zu Ausgeburten der Hölle. In altenglischen Textüberlieferungen nahm das Wort „nicor“, das wohl den männlichen Wassergeist, den Nix, oder etwas Ähnliches meint, immer mehr die Bedeutung von „Teufel“ an. Die Bekehrer traten in Heiligengeschichten den heidnischen Dämonen mit Kreuz und Segensformel entgegen. Das, was das Christentum in seiner Ideologie ausgemerzt und dann verdrängt hatte, seine weiblichen, intuitiven und erotischen Aspekte, das übertrug es nun auf die Wassergeister und bekämpfte es in ihnen.

Dieser religiöse Vernichtungsfeldzug hatte durchaus Erfolg. Dem Läuten und Rühren der Glocken wich das Klagegeheul der Geister, die ihr Gebiet räumen mussten. Christliche Gestalten und Strukturen ersetzten nach und nach die Symbole des heidnischen Glaubens. So trat an die Stelle des germanischen Walhalls das Paradies und an die Stelle der Naturdämonen die Heiligen und Schutzpatrone wie z. B. St. Nikolaus.[7]

Natürlich setzten sich die Geister der germanischen Kultur gegen ihre Ausrottung zur Wehr. Vor allem der Nix oder Wassermann war für seine Rachsucht und Grausamkeit bekannt, u.a. auch deshalb, weil er die Christen hasste und sie buchstäblich nicht riechen konnte. Doch lieferten solche Gerüchte und Erzählungen nur Argumente für die weitere Dämonisierung der Naturwesen.

In einer oberschlesischen Sage erscheint der Wassermann als Teufel, der die Seelen der Verdammten in Kesseln kochen lässt. Tanzende Nixen galten als Hexen und Teufelinnen. Stromwirbel, große Quellen und gefährliche Seestellen wurden als Eingang zur Hölle aufgefasst. Ebenso sah man die Wasserwelt als Fegefeuer an, in dem sich die armen Seelen bis zum Zeitpunkt ihrer Erlösung aufhalten mussten.

Gegen solche und ähnliche Diffamierungen konnten die ohnmächtigen Naturgeister nicht mehr lange ihre Abwehr aufrechterhalten und zogen sich grollend in die Erde und ins Wasser zurück; d. h. der Bereich der weiblichen, intuitiven und erotischen Seelenkräfte wurde ins Unbewusste abgedrängt und von der Sphäre des Bewusstseins mit ihrer männlich geprägten christlichen Ideologie immer mehr abgespalten.

Dennoch blieb der Glaube an die Erd- und Wassergeister im Volk noch lange lebendig, und die Kirche sah sich gezwungen, ihren Bekehrungsfeldzug etwas abzumildern, indem sie nach Möglichkeiten suchte, die alten Naturwesen in das christliche Glaubenskonzept einzubinden. So breitete sich etwa auch die Vorstellung aus, dass die Wassergeister bisher nur im Zustand der Ungnade gewesen seien und daher erlöst werden könnten, wenn sie dies wünschten.

Tatsächlich gibt es z. B. in Schweden und Oberschlesien Sagen, in denen der Wassermann oder auch die Nixe unter ihrer Gottferne leiden und sich nach Erlösung sehnen. Von dieser Bemühung, Christentum und Heidentum zu versöhnen, zeugt auch das irische Märchen von der Seejungfrau Liban, die nach ihrer Taufe den Tod wählte, um ihr Seelenheil zu erlangen. Andere Beispiele für diesen Versuch einer Einbeziehung des alten Kultes in den neuen Glauben sind geweihte Brunnen in der Nähe von Gotteshäusern und Nixendarstellungen in romanischen Kirchen, wo etwa die heidnische Wasserfrau mit dem Fisch, dem christlichen Symbol der Erlösung, in der Hand erscheint.[8]

In dieser geistesgeschichtlichen Konstellation entstand noch während des Hochmittelalters die Sage von der schönen Melusine, einer Nixe mit Fisch- oder Schlangenschwanz. Die literarisch bedeutendsten Fassungen des Stoffes schrieben der Engländer Gervasius von Tilbury 1211, die Franzosen Jehan d'Arras und Couldrette 1393 und 1403 sowie der Schweizer Thüring von Ringoltingen 1456.

Melusine ist nicht nur Geliebte, Gattin und Seelenbegleiterin ihres Mannes Raymond, sondern auch Mutter und Ahnfrau des französischen Adelsgeschlechts von Lusignan. Ihr Name setzt sich aus „mére“ und „Lucine“ zusammen. Das zuletzt genannte Wort stammt von Lateinisch „lux“, das „Licht“, und bedeutet „die Gebärerin“. „Mutter Lucina“ stellt somit eine Geburts- und Lichtgottheit dar, die Züge der römischen Göttinnen Diana und Juno, aber auch der altgriechischen Hekate in sich vereinigt.

Damit sind aber auch die drei Aspekte der einen großen Muttergöttin aus dem matriarchalen Kulturraum der geschichtlichen Vorzeit gegeben. Die dreifaltige Göttin war als Jungfrau und Amazone (Diana) dem Frühling, als reife Liebes- und Ehegöttin (Juno) dem Sommer und als alte weise Erd- und Todesgöttin (Hekate) dem Herbst und Winter zugeordnet. Der Kult dieser umfassenden Herrin über Leben und Tod fand überall Verbreitung, und Lucina stellte eine ihrer wichtigsten Verkörperungen dar. So konnte man den Namen „Melusine“ oder ähnliche Formen nicht nur in Frankreich, sondern auch in Deutschland, Österreich und Böhmen finden.[9]

Die Nixe von Lusignan ist auch indirekt mit dem Sagenkreis um König Artus verbunden, der mit seiner Tafelrunde den Inbegriff hochmittelalterlicher Ritterkultur bildete. Bei Jehan d'Arras erscheint als Tante von Melusine die Fee Morgane, die Schwester von Artus. Ihr Name bedeutet „meergeboren“ und steht damit in Parallele zur „schaumgeborenen“ Aphrodite. Als „Morrigain“ repräsentierte sie einst in matriarchaler Vorzeit die keltisch-irische Ausprägung der großen Muttergottheit, die zugleich Göttin der Schönheit, der Liebe, der Fruchtbarkeit, des Todes und der Wiedergeburt war.

Morgane blieb immer dem Meer verbunden, und ihre Nachfahrinnen gingen als Meerfrauen und Nixen wie Melusine in Burgen und Schlössern ein und aus. Einerseits war sie Mutter von vielen Kindern, andererseits aber „Jungfrau“ in dem speziellen Sinn, dass sie immer vollkommen frei sein und sich keinem Mann unterwerfen wollte. Die Ambivalenz ihrer gütigen wie bösartigen Wesensaspekte zeigte sich vor allem darin, dass sie zugleich Leben gab und nahm. Ausschweifend gewährte sie jedem ihre Gunst, entzog sie aber jederzeit, sobald sie nur den Wunsch dazu verspürte.

Außerdem herrschte Morgane über das Feenreich Avalun, das auch „Land der Lebendigen“, „Land unter den Wellen“ oder „Mädcheninseln“ genannt wurde. Die Bewohner dieser „grünen Inseln“ genießen in ewiger Jugend und Schönheit ein leidloses, von Musik, Tanz und Liebesfreuden erfülltes Dasein. Dorthin bringt Morgane ihren schwer verletzten Bruder Artus und heilt seine Wunden. Avalun ist das Reich des Todes, aber auch der Geburt und Wiedergeburt sowie der gesamten Urerfahrung der Menschheit, womit die Dimension des kollektiven Unbewussten gemeint ist.

Ähnliche Züge wie die Herrin der „Mädcheninseln" weisen Guinevra, die Gattin von König Artus und Geliebte von Ritter Lanzelot, die Fee Viviane, die Freundin und Herrin des Zauberers Merlin, sowie die rätselhafte Dame vom See auf, die den kleinen Lanzelot seiner Mutter raubt und in ihrem wunderbaren Reich auf dem Grunde eines Gewässers erzieht.[10]

In all diesen Frauenfiguren schimmert überall die gleiche Gestalt der großen keltischen Muttergöttin durch, die in der matriarchalen Kultur der westeuropäischen Vorzeit Anbetung und Verehrung erfuhr, aber vom patriarchalisch geprägten Christentum bekämpft, abgewertet und verdrängt wurde, sodass sie nur noch ein vom Bewusstsein abgespaltenes Dasein als Archetyp im Unbewussten fristen konnte.

Ihre negative destruktive Seite war vielleicht auch eine rachsüchtige Reaktion auf die Kränkung, nicht mehr den ihr zukommenden Platz im Herzen der Menschen einnehmen zu dürfen. So ruht ihre seelische Energie in den Tiefen des Unbewussten und wartet darauf, von einem mutigen Ich, das den Individuationsprozess wagt, ins Bewusstsein geholt, angenommen und integriert zu werden.

Dieses Urbild der großen weiblichen Gottheit, das später auch noch „Göttin Natur" oder „Mutter Erde" genannt wurde, brach sich aber dennoch von Zeit zu Zeit im öffentlichen Bewusstsein Bahn, und dann entstand eine Hochblüte der Kultur, Literatur und Kunst, wie dies etwa im europäischen Hochmittelalter zwischen 1160 und 1230 geschehen war.

In dieser schöpferischen Phase, in der männliches Bewusstsein und weibliches Unbewusstes sich in genialen Dichtungen befruchteten, hatte auch die Frau in der Gesellschaft eine hohe

Stellung. Ihr als der Verkörperung und Priesterin der Großen Göttin weihte der Ritter seinen Dienst, und ihr zu Ehren bestand er gefährliche Abenteuer. Es entwickelte sich dabei der Kult der „minne“ (=Liebe), der von direkten erotischen Ausdrucksweisen bis zu höchst verfeinerten und vergeistigten Formen reichte.

Im Spätmittelalter nach 1230 fand auch in Deutschland der Stoff des Melusinentyps, der die Verbindung eines überirdischen Naturwesens mit einem sterblichen Menschen behandelt, eine gewisse Verbreitung. Am bekanntesten dürfte hier wohl die Sage von Peter Dimringer aus dem Geschlecht der Staufenberger sein, die um 1320 in einem Gedicht niedergeschrieben wurde.

Der Arzt, Naturforscher und mystische Philosoph Paracelsus erwähnte diese Geschichte auch in seinem um 1530 entstandenen „Buch über Nymphen, Sylphen, Pygmäen, Salamander und andere Elementargeister“ und vertrat darin die These, dass die Naturwesen, also auch die Nixen, keine Seele besäßen, sie aber durch die Ehe mit einem sterblichen Menschen erhalten könnten.[11]

Diesen Gedanken griff die Romantik fast 300 Jahre später wieder auf, besonders in der 1811 erschienenen Erzählung „Undine“ von Friedrich de la Motte-Fouqué. Auch andere Dichter dieser Zeit machten Nixen zu Hauptfiguren ihrer Werke, so etwa Clemens Brentano, Ludwig Tieck, Achim von Arnim, Joseph von Eichendorff, E.T.A. Hoffmann und Franz Grillparzer.

In diesem Zusammenhang sind wohl die „Lorelei“-Gedichte von Clemens Brentano (1801) und Heinrich Heine (1824) am bekanntesten. Dann stand am Endpunkt der literarischen Beschäftigung mit dem Nixenmotiv in dieser Epoche

Hans Christian Andersens Kunstmärchen „Die kleine Seejungfrau“ von 1837.

Die Romantik, deren Hauptwerke zwischen 1795 und 1830 entstanden, suchte und fand ein neues intensives Verhältnis zur Natur, zu den Bereichen des Gefühls und der Seele und damit auch zum Unbewussten. Hier konnte der Archetyp der großen Muttergöttin mit seiner ungeheuren psychischen Energie aus den seelischen Tiefenschichten wieder hervorbrechen, sich im öffentlichen Bewusstsein manifestieren und in die Werke der romantischen Dichter hineinfließen.

Diese Epoche gilt zusammen mit der Zeit der Spätaufklärung, des Sturm und Drang sowie der Klassik zwischen 1770 und 1830, zusammenfassend auch Goethezeit genannt, als eine der fruchtbarsten und schöpferischsten in der Geschichte der deutschen Literatur und Kultur.

In der Romantik beschäftigte man sich auch mit Volksmärchen, die wichtige Urerfahrungen der Menschheit gerade auch im Zusammenhang mit dem Urbild der Großen Göttin enthalten und über Jahrhunderte von Generation zu Generation mündlich weitergegeben wurden. Diese Märchen sind im Gegensatz zu den Sagen, die immer um einen realistischen Kern, sei es um Personen oder Ereignisse aus der Geschichte, sei es um geographisch genau fixierte Orte oder Landschaften kreisen, freie Erfindungen des Volkes, die in einem phantastischen, nirgends zu lokalisierenden Wunderland, d. h. im kollektiven Unbewussten, spielen.

Die Brüder Jacob und Wilhelm Grimm sammelten als erste in Deutschland systematisch Volksmärchen und schrieben sie in Buchform nieder. Der erste Band der „Kinder- und Hausmärchen“ erschien 1812; er enthielt als Nr. 79 die sehr kurze Geschichte „Die Wassernixe“. 1815 kam der zweite Band der

Grimmschen Sammlung heraus und war mit Anmerkungen und Ergänzungen versehen. In späteren Auflagen wurden immer wieder einzelne neue Märchen aufgenommen. So erschien in einer Ausgabe von 1843 „Die Nixe im Teich“ als Nr. 181 des beliebten Werks der Brüder Grimm.[12]

3. Literaturwissenschaftliche Interpretation des Märchens

Damit ist die vorliegende Arbeit bei der literaturwissenschaftlichen und literarhistorischen Interpretation des Märchens angelangt, die vorrangig Einordnungsfragen und vergleichende Problemstellungen behandelt. Zunächst sei diese Form der Vorgehensweise mit der Darstellung von religions- und sozialgeschichtlichen Ursprüngen und Vorbildern der „Nixen“-Erzählung eingeleitet.

Im Mesolithikum, also in der Mittelsteinzeit zwischen 10000 und 5000 v. Chr., wurde die Gesellschaft der Bauern und Fischer mit der für sie unheimlichen und gefährlichen Welt von Wald und Wasser konfrontiert, die sie dazu veranlasste, sich eng und unmittelbar in Familien zusammenzuschließen. Hier erzählte man sich die Geschichten von Personen, die sich diesen fremden Bereichen aussetzten. Die mutigen Pioniere drangen in unbekanntes Neuland vor und überwanden die beunruhigenden Gestalten im Wald und Wasser mit der Hilfe von zaubermächtigen, erlösenden Dingen, in deren Besitz sie aber zuerst gelangen mussten. In den Märchen erfuhren sie von solchen Gegenständen durch Träume oder Ratschläge älterer Leute.

Einzelne Personen gewannen im Verlauf der Abenteuer, die sie zu bestehen hatten, auch die Fähigkeit, Tiergestalt anzunehmen und auf diese Weise den Zauber der Wald- und Wasserwesen zu bannen. Vor allem aber schufen sich die Menschen einen eigenen Bereich, in dem sie sich vor den fremden Gestalten schützen konnten. Der Familienverband innerhalb der Landwirtschaft und des Fischereibetriebes bot sich hierzu an. So zwang die Konfrontation mit Wald und Wasser die Gesellschaft zu Reaktionen, durch die sie sich neue Bereiche erschloss.[13]

In Ägypten gibt es zwei Handschriften, die von einer Nixe handeln. Das erste Fragment stammt aus der zwölften Dynastie (um 2000 v. Chr.) und berichtet von einer nackten Wasserfrau, die einem Hirten erscheint und ihn zu verführen droht.

Im zweiten Bruchstück aus der Wende von der 18. zur 19. Dynastie (um 1300 v. Chr.) wird der Name der Göttin Astarte erwähnt, die sich ihrer Kleidung entledigt, um sich dem zornigen Meeresgott hinzugeben, ihn zu beruhigen und mit den anderen Gottheiten zu versöhnen, was ihr aber nur teilweise gelingt. Ihre Heimat war ursprünglich Kleinasien und Phönizien, und sie wurde nach Ägypten geholt, um das aufgebrachte Meer zu besänftigen.

Dort war Astarte für die Bewohner des Nillandes als löwengestaltige Sachmet Herrin des Krieges und als kuhförmige Hathor Göttin der Liebe. Griechische Schriftsteller wie Herodot nannten sie dann auch die „fremde Aphrodite", die vor allem in Memphis als Tochter des Schöpfergottes Ptah verehrt wurde. Die Spätzeit des Pharaonenreiches sah sie als Inkarnation von Isis an und machte sie zum „Sonnenauge" des Re.[14]

Das berühmte griechische Epos „Odyssee" von Homer, das wohl um 700 v. Chr. entstanden sein dürfte, enthält auch zwei Episoden, die als mythologische Vorläufer des Nixen-Märchens angesehen werden könnten: Einmal kommt auf seiner langen Irrfahrt der Held Odysseus auch an der Insel der Sirenen vorbei. Er entgeht deren verführerischem Gesang und damit seinem Tod, indem er seinen Gefährten die Ohren mit Wachs verstopft und sich selbst an den Mast seines Schiffes festbinden lässt. Später gelangt er dann zur Insel Ogygia, wo er bei der Nymphe Kalypso freundliche Aufnahme findet. Diese Naturgöttin liebt ihn und verspricht ihm die Unsterblichkeit, wenn er sie heiraten würde. Doch Odysseus verzehrt sich vor Sehnsucht nach seiner Heimat und Familie und widersteht geduldig dem Werben seiner Gastgeberin. Auf ausdrücklichen Befehl der olympischen Götter muss Kalypso ihn schließlich nach sieben Jahren ziehen lassen. Der Held baut sich nun ein Floß und setzt die Heimfahrt nach Ithaka zu seiner Frau Penelope fort.[15]

Die Grimmschen Märchen „Die Nixe im Teich" und „Die Wassernixe" weisen besonders enge Parallelen zur germanischen Mythologie auf. Die beiden polar entgegengesetzten weiblichen Hauptgestalten dieser Erzählungen, die alte Weise auf dem Berg und die Wasserfrau in der Tiefe, lassen deutlich Züge großer nord- und mitteleuropäischer Göttinnen erkennen: Frigg, Hel, Holle und Perchta sind umfassende Gottheiten des Lebens und des Todes, enthalten zugleich positive wie negative Aspekte, können z. B. Kinder, Jugendliche und junge Erwachsene auf ihrem Reifungsweg unterstützen, aber auch ihre Entwicklung hemmen. Alle haben sie mehr oder weniger mit dem Spinnen und Weben des Schicksals, sowie der Weisheit des Lebens und der Natur zu tun. Diese Bezüge werden in der tiefenpsychologischen Deutung des Märchens noch stärker herausgearbeitet.

Der Anfang von „Die Nixe im Teich" erinnert außerdem an das sog. „Jephtha-Motiv" aus dem Alten Testament. Diese Geschichte ist im „Buch der Richter," Kap.11, Vv. 30-40, aufgezeichnet. Jephtha, der die Israeliten gegen die Ammoniter in den Krieg führen sollte, gelobt vor dem entscheidenden Kampf dem Herrn, im Falle eines Sieges ihm zu opfern, was dem Heimkehrer zu Hause zuerst entgegentritt. An der Tür erscheint dann seine Tochter, die sein einziges Kind ist und die der erbarmungslose Richter später zur Erfüllung seines Versprechens tötet und als Brandopfer darbringt.[16]

Die literaturwissenschaftliche Erforschung von Märchen wurde im 19. Jahrhundert von den Brüdern Grimm durch ihre konsequente, umfangreiche Sammlertätigkeit auf gewisse Weise begründet. Doch in Finnland ging sie seit Anfang des 20. Jahrhunderts weiter, als nur wundersame Geschichten zu sammeln und sie bloß untereinander oder mit Mythen und Sagen zu vergleichen, und setzte sich zum Ziel, die Urfassung eines Märchens, den sog. Archetypus im literaturwissenschaftlichen Sinn, zu gewinnen und herauszuarbeiten, indem sie sich alle erreichbaren Versionen vornahm und gründlich untersuchte, um die Entwicklung des Märchens und seine Heimat zu bestimmen.

Die bedeutendste Frucht dieser Forschertätigkeit war ein Verzeichnis von Märchentypen, das Antti Aarne und Stith Thompson unter dem Titel „The Types of the Folktale" veröffentlichten und dessen letzte Ausgabe 1961 in Helsinki erschien. Das Werk ist nach Tiermärchen, Zaubermärchen, Legenden, Novellen, Teufelsmärchen und Schwänken gegliedert und gibt den einzelnen Typen Nummern bei, denen die Anfangsbuchstaben der beiden Autoren, Aarne und Thompson, vorangestellt werden und die nun die Grundlage für die allgemein übliche Zitierung von Märchen bilden: z. B. Aa Th 156 („Androklus und der Löwe"), Aa Th 302 („Herz des Unholds im Ei"), Aa Th 554 („Dankbare Tiere") oder Aa Th 673 („Tiersprachenkundiger Mensch") etc.[17]

Der Erzähltyp „Die Nixe im Teich" oder „The Nix of the Mill-pound" ist bei Aarne/Thompson ein Zaubermärchen mit zweiteiliger Struktur, das durch die Figur des aus dem Volksglauben vertrauten weiblichen Wassergeists bestimmt ist, und hat die Nummer AaTh 316. Sein Inhalt wird folgendermaßen wiedergegeben:

1.) Ein armer Fischer oder Müller verspricht wissentlich einer Nixe, ihr seinen Sohn in einem bestimmten Alter zu übergeben; sie ihrerseits sichert ihm dafür Wohlstand zu. Das Kind wird von den Eltern ängstlich behütet und so erzogen, dass es sich vom Wasser fernhalten soll. Als der Tag der Übergabe naht, erfährt der Sohn vom Versprechen des Vaters und entzieht sich durch Flucht. Unterwegs teilt er ein totes Tier zwischen Löwe, Falke und Ameise ihren Eigenarten entsprechend auf und erhält als Dank die Gabe, sich in deren Gestalt verwandeln zu können. Mittels dieser Fähigkeit gewinnt der junge Mann die Königstochter zur Frau.

2.) Unachtsam nähert er sich nach einer gewonnenen Schlacht auf der Jagd dem Wasser und wird von der Nixe ergriffen, hinuntergezogen oder verschluckt. Dreimal lockt seine Frau durch das Zeigen kostbarer Gegenstände die Verführerin an die Wasseroberfläche und erreicht von ihr, dass sie im Tausch gegen die angebotenen Dinge stufenweise ihren Mann sehen darf. Beim dritten Mal, als die Nixe seine ganze Gestalt aus dem Teich heraushebt, verwandelt er sich in einen Falken oder anderen Vogel und entkommt.[18]

Die älteste bekannte Fassung dieses Erzähltyps findet sich in den „Piacevoli Notti“ oder „Ergötzlichen Nächten“, einer zweiteiligen Sammlung von insgesamt 75 Märchen und Novellen, deren Verfasser der italienische Schriftsteller Gianfrancesco Straparola war und die 1550 und 1553 erschien. Im ersten Band von 1550 steht als vierte Erzählung der dritten Nacht eine Version des Zaubermärchens von dem Knaben, der einer Nixe versprochen wurde. Sie enthält die wesentlichen Elemente von AaTh 316 wie Bedrohung des Helden durch eine Wasserfrau, Verteilung des toten Tieres, Erringung der Königstochter dank der Verwandlungsmöglichkeiten und Rettung aus der Gewalt der Sirene durch seine Frau mittels dreier Äpfel.

Nur die Eingangspassage ist anders. Hier wird das Kind nicht vom Vater der Nixe versprochen, sondern die Pflegemutter verflucht ihren Pflegesohn, der von der Wasserfrau in die Tiefe gezogen werden sollte, wenn er einmal über das Meer fahren würde.[19]

In Deutschland fand AaTh 316 erst fast 300 Jahre später Eingang in romantische Märchensammlungen, dann aber gleich mehrfach. Wichtiger Vorläufer war die Erzählung „Die Nymphe des Brunnens", die der aufklärerische Literaturkritiker Johann Karl August Musäus 1783 bei Ettinger in Gotha im zweiten Band seiner „Volksmärchen der Deutschen" veröffentlichte.

In dieser Geschichte, die im Wesentlichen zum Erzähltyp des „Allerleirauh"-Märchens (AaTh 510 B) zu rechnen ist, bittet die Mutter um den Schutz und die Patenschaft für ihre Tochter bei der Quellnymphe und Ahnfrau des Hauses. Noch im Anschluss an Musäus publizierte Johann Christoph Matthias Reinecke 1793 in seinen „Eichenblättern" in Gotha die Erzählung „Der Nixen Eingebinde", die kaum Übereinstimmungen mit den 50 Jahre später erscheinenden Texten aus dem Kreis der romantischen Literaturforschung aufweist.

Moriz Haupt veröffentlichte 1841 im ersten Band in seiner in Leipzig und Berlin herausgegebenen „Zeitschrift für deutsches Alterthum" unter dem Titel „Ein Märchen aus der Oberlausitz" eine Geschichte mit dem Quellenvermerk „mündlich aus der Oberlausitz". Diese Erzählung übernahmen kurz darauf sowohl die Brüder Grimm 1843 als Nr. 181 in die fünfte Auflage ihrer „Kinder- und Hausmärchen“ (KHM) mit der Überschrift „Die Nixe im Teich“ als auch Ludwig Bechstein 1845 in der Erstausgabe seines „Deutschen Märchenbuches“ unter dem Titel „Der Müller und die Nixe“.[20]

Die Übereinstimmungen mit der Vorlage von Haupt sind bei beiden Bearbeitungen bis zur Worttreue genau. Geringe Änderungen befinden sich vor allem in der Grimmschen Textfassung in Bezug auf die Beschreibung der Landschaft und die Darstellung der Nixe. Dabei tritt die starke Stimmungsmalerei und die Freiheit stilistischer Einschmelzung dann doch deutlich hervor. So wurde etwa die indirekte Rede der Quelle bei den Brüdern weitgehend aufgelöst. Bechstein hielt sich mehr an den ursprünglichen Text, änderte daran nur wenig, verzichtete im Gegensatz zu den Grimms auf allerlei Zusätze und berichtete schlicht und nüchtern wie Haupt.

In allen drei Fassungen heiratet der Held ein Mädchen aus dem Dorf, und das Motiv der dankbaren Tiere aus dem ersten Teil des Erzähltyps AaTh 316 fehlt hier. Ebenso benötigt die Ehefrau darin die Hilfe einer alten Frau, die das Paar auch aus überschäumenden Wasserfluten rettet, indem sie es in Frosch und Kröte verwandelt. Beide finden erst nach einer Trennung in Menschengestalt wieder zueinander. Bei Straparola verlockt die Sirene durch den ihr eigenen verführerischen Gesang, in den drei deutschen Versionen lässt sich die Nixe durch das Flötenspiel der Jägerin betören.[21]

Franz Xaver von Schönwerth veröffentlichte 1858 im zweiten Band seiner Oberpfälzer Sammlung eine Erzählung aus Dümpfel unter dem Titel: „Die Wasserfrau und der Junge, der sich in einen Falken verwandeln konnte“. Dabei knüpft er wieder enger an Straparola und den ersten Teil von AaTh 316 an und verbindet die Episode der dankbaren Tiere mit dem Motiv von den drei gleich aussehenden Königstöchtern, unter denen der Held die Richtige erkennen muss. Am Ende nähert er sich jedoch Haupt, Grimm und Bechstein auf gewisse Weise an, indem die Ehefrau durch die ergrimmte Nixe in einen Drachen verwandelt wird und erst nach mehreren Jahren von einem Zauberer im Glutofen ihre menschliche Gestalt zurückerhält.

Fassungen aus Pommern, Ostpreußen und Schleswig-Holstein schließen sich Schönwerth in vieler Hinsicht an. In einer Version aus dem Odenwald ersetzt ein Männchen die Nixe und eine in eine Bärin verwünschte Dame die hilfreichen Tiere. Eine Variante des Erzähltyps aus dem Harz berichtet, dass der Held erst einen Unhold, dessen Herz in einem Ei steckt, töten muss, ehe er die Königstochter heiraten kann. Außerdem sind noch zwei deutschsprachige Fassungen aus Danzig und Siebenbürgen belegt.[22]

Insgesamt ist AaTh 316 in Europa ein nicht sehr zahlreich, sondern eher sporadisch auftretenden Erzähltyp. Abgesehen von drei bulgarischen finden sich keine slawischen Varianten, aber auch keine aus Holland. Hingegen sind neben einzelnen west- und nordeuropäischen Versionen über 150 irische, fast 50 griechische und zehn deutschsprachige Belege bekannt.

Trotz fester Struktur erscheint das Märchen in verschiedenen Ausformungen. So bildet in griechischen, bulgarischen, schottischen und irischen Fassungen nicht immer eine wirtschaftliche Notlage den Anlass, das oft noch ungeborene Kind der Wasserfrau zu versprechen, sondern auch lange Kinderlosigkeit. Variationen zeigen sich besonders in der Passage von der Gewinnung der Königstochter.

Vor allem in Versionen aus Griechenland verdingt sich der Held nach seiner Flucht vor der Nixe zunächst als Hirte, bringt als Einziger die Milch noch warm zur Prinzessin in den entfernten Palast und erhält sie daraufhin zur Frau. Oder er kommt über die Versteckwette mit den dankbaren Tieren in Kontakt, erhält von diesen die Verwandlungsaufgabe und ruft sie auch zur Hilfe, damit sie ihn vor der Königstochter verstecken. Eine griechische Standardeinleitung zu AaTh 316 ist die Begegnung des Vaters mit der Gorgo, dem versteinernden Ungeheuer aus der antiken Mythologie. Sie ersetzt hier die Wasserfrau, der das Kind versprochen wird und die später den erwachsenen Sohn am Rand des Meeres ergreift.[23]

Französische Fassungen betonen vor allem die Bedeutung der dankbaren Tiere und eines Nebenbuhlers, der den Helden ins Meer wirft. Dort wird er von einem Walfisch verschlungen oder von einer Sirene ergriffen. Aus seiner Gefangenschaft wird er durch einen Bettler und sein Geigenspiel befreit oder entkommt selbst durch den eigenen Einsatz von Geduld und List. Die Rolle der Königstochter als Braut bleibt hier im Gegensatz zu Straparola und Grimm mehr oder weniger passiv. Am Ende wird der Nebenbuhler bestraft.

In nordischen Varianten aus Dänemark und Lappland erscheint der Rivale als Ritter Rot, der den Helden ins Meer wirft, wo eine Meerfrau ihn fängt und ihn erst am Ende zum Zeitpunkt höchster Gefahr freilässt. Das schwedische Märchen „Zuerst geboren, zuerst vermählt" erzählt, wie der Prinz gleich zu Beginn von der Nixe geraubt, erzogen und geheiratet wird. Ein Mädchen erlöst ihn mit der Hilfe einer klugen Frau und eines rollenden Apfels und bewegt am Ende die Meerfrau nach einer dramatischen Auseinandersetzung, ihm den Gatten abzutreten.

Nach einer bulgarischen Version erhält der Held von dankbaren Tieren die Verwandlungsgabe, durch die er die Zarentochter für sich gewinnen und heiraten kann. Ohne die Eingangsepisode mit dem Motiv der Versprechung des Kindes an die Wasserfrau wird der junge Ehemann einfach später von einem großen weiblichen Fisch verschlungen. Seine Gattin lässt sich nicht von einem Doppelgänger beirren, sondern befreit ihren Partner durch drei goldene Äpfel aus dem Rachen des Ungeheuers.

Russische Soldatenmärchen machen aus der Nixe einen merkwürdig mütterlichen Meereszaren, der den von einem verräterischem General ins Wasser gestürzten Helden rettend auf seine Arme nimmt, verlassen aber damit endgültig den engeren Erzählbereich von AaTh 316. Damit ist die Bandbreite der literaturwissenschaftlichen Märchenbetrachtung im Wesentlichen abgeschritten.[24]

4. Tiefenpsychologische Interpretation des Märchens

Nun kann sich die vorliegende Arbeit den tiefenpsychologischen Interpretationsverfahren zuwenden, um von diesem Blickwinkel aus die Grimmsche „Nixen"-Geschichte zu erfassen. Die bisherigen Ansätze und Abhandlungen, die zum Märchen erschienen sind, deuten von einem mehr oder weniger psychotherapeutischen Standpunkt die persönliche und seelische Entwicklung des Jägers und seiner Frau zu einer tiefer verstehenden Partnerschaft. Auf dieser Ebene der Auslegung ist von Verena Kast, Ingrid Riedel und anderen Autoren alles gesagt und bis in die feinsten Details des Textes untersucht worden.

Es kann nicht Aufgabe der vorliegenden Interpretation sein, die bisherigen Forschungsergebnisse einfach nur zu bestätigen und zu wiederholen, gleichwohl auf ihnen aufgebaut werden muss; sondern es sollte sich ein Gesichtspunkt ergeben, der die rein psychotherapeutische Deutung übersteigt. Dies wäre möglich, wenn die Handlung des Märchens als archetypisches Geschehen aufgefasst werden könnte, das die Geschichte der beiden jungen Eheleute als individuelle Ausprägung eines allgemein menschlichen Prozesses entfaltet. Einen Ansatz dazu liefert Erich Neumann in „Die Große Mutter" und bezieht dabei auch Martin Nincks Werk über „Wodan" mit ein. Ingrid Riedel weist in ihrem Buch über die „weise Frau" auf diese Position hin und übernimmt sie weitgehend in ihren religionsgeschichtlichen Ausführungen.

Die Geistseite des weiblichen Wandlungscharakters führt

durch Leiden, Tod, Opfer und Vernichtung, um dann das Sterbliche zum Unsterblichen gewandelt, erneuert und wiedergeboren aus sich zu entlassen. Dabei muss das zu Wandelnde mit seiner Ganzheit in das Große Weibliche eingehen, d. h. bei der Regression in das Mutter-Gefäß des Unbewussten sterben, mag dies als Erde, Wasser, Unterwelt oder Berg erscheinen.

Es kann sich bei dem Wiedergeburtsgeschehen um den Abstieg zu den Geistern des unterirdischen Schattenreiches oder um die Fahrt durch das Nachtmeer handeln, wobei die Rückkehr zur Erneuerung den Tod der alten Persönlichkeit voraussetzt. Die aufbrechenden Tiefenkräfte ermöglichen so dem Menschlichen in Rausch, Ekstase, Dichtung, Erleuchtung, Sehertum und Weisheit die Erreichung einer neuen Geist- und Lichtdimension.

Die Kenntnis dieser Bereiche gehört zum Urwissen des Weiblichen, das schon bei den Germanen deswegen auf eine besondere Weise verehrt wird. Hier ist die Frau die ursprüngliche Seherin und Herrin der weisheitsbringenden Wasser der Tiefe, die eigentlich die ursprüngliche Verlautbarungsform visionärer Wesensschau bilden. Ihnen kommt auch durch das Flüstern, Raunen und Murmeln der Elementarstimmen, das die gottverzückte Seherin im Zustand der Versenkung nur als ein Außen des aus ihr selbst auftauchenden Unbewussten wahrnimmt, große Bedeutung für die Entstehung der Sprache und Musik zu. So wird die ekstatisch ihren Visionen hingegebene Frau, die durch den in ihr aufsteigenden Geist überwältigt ist, zum Zentrum der Magie, des Gesangs und der Dichtung, zur Quelle der Weisheit und des aus der Tiefe strömenden Spruchs sowie zur Muse und inspirierenden Anima der Künstler.

Als eine Verkörperung dieser Kraft des mantischen Weiblichen kann auch die Nixe erscheinen, bei der, wenn die Not drängt, das ursprungsentferntere Männliche Orientierungshilfe und Sinnstiftung sucht. Sie wird auch „Wasserfei" genannt, was von Lateinisch „fata" (= „Schicksalskünderin") stammt. Im Frühmittelalter tritt sie als Geliebte, Freundin, Mutter und Gattin des Helden auf. Das Wasser wird hier zum Element einer Minneentrückung, die sich im lockendendsten Zauber der Schönheit zeigt und als Wasserfrau Gestalt annimmt, mit ihren Visionen aber auch Kern, Wesen und Ziel der germanischen Heldenreligion ausmacht.

Im Grimmschen Märchen „Die Nixe im Teich" ist das mantisch inspirierte Weibliche mit Wasser, Nacht, Mond, Flöte, Musik, Spinnrad und Kamm verbunden. Diese Requisiten verweisen auch auf alte Fruchtbarkeitsrituale der Frauenmysterien sowie spätere Einweihungen in den Geschlechtsverkehr und die magischen Künste des Eros. Nun sollen diese etwas abstrakt und allgemein klingenden Thesen auf den Text, die Symbolik seiner Bilder und die Amplifikationen ihres Bedeutungsgeflechts angewendet und damit konkretisiert werden.[25]

4.1. Die Nixe, der Müller und der Jäger

Schon die Müllerfigur am Anfang des Märchens und ihr Tätigkeitsbereich lassen tiefere Dimensionen des Verstehens ahnen. Die Mühle gilt als Sinnbild des kosmischen Schicksals und der Verwandlung des Lebens mit seinem ständigen Werden, Vergehen und Wiederkehren. Sie erscheint auch als Ort des Unheimlichen, an dem sich Teufel, Wassermänner, Nixen und andere Dämonen, Geister und Gespenster des Jenseits aufhalten. Ebenso deutet sie die Dimension des Geschlechtsverkehrs im Sinne von Liebesabenteuern und heimlichen Verlobungen an. In dieser umfassenden Symbolsphäre wird der Müller zur mythischen Figur des Schicksalswalters und Himmelsgottes, der Schnee, Blitz und Donner mahlt.

Bei den Germanen wird Donar oder Thor mit seinem alles zermalmenden Hammer Mjölnir als kosmischer Handwerker gedacht, der die Wettermühle polternd dreht, dass Mehl in Flocken stiebt. Die Märchentradition hat nach und nach aus dem Gewittergott den Teufel gemacht, mit dem der Müller als Zauberer oder Erzschurke im Bunde steht und den er um die Erfüllung seines Paktes betrügt. Parallel dazu wird die Müllerin zur Verführerin, Ehebrecherin oder Hexe. Ob unter positiven oder negativen Vorzeichen gesehen, erscheint jedenfalls die Mühle als ein Symbol für einen Naturvorgang, der in Fluss bringt, befruchtet und produktiv verwandelt.[26]

Zu Beginn des Märchens ist dieser Zusammenhang unterbrochen und abgerissen. Ausdruck dafür ist der sinkende Wohlstand des Müllers und seine damit verbundene Depressivität, die sich vor allem darin äußert, dass er seine Mühle kaum noch „sein Eigentum nennen" kann. Seiner ihm von der Tiefe zugedachten Aufgabe, als Donnergott Thor zu wirken und die

Energien des Lebens zusammenzubringen, fühlt sich dieser Mann nicht mehr gewachsen. Wohl hat er mit seiner Frau „ein vergnügtes Leben" geführt und mit ihr ein Kind gezeugt.

Aber dies spielt sich alles im Äußerlich-Oberflächlichen ab; innerlich berührt es ihn nicht. So nimmt er nicht einmal zur Kenntnis, dass die Müllerin hochschwanger ist und bald gebären wird. Beide haben offenbar die ganze Zeit nur nebeneinanderher gelebt. Auch zu den Vorgängen seiner Seele und seiner Gefühle d. h. zu seiner weiblichen Seite als Anima, hat der Müller keinen Bezug mehr, sondern bleibt starr auf die Außenwelt und seine materiellen Probleme fixiert.[27]

An dieser Stelle tritt das Große Weibliche in Gestalt der Nixe des Teichs auf und spricht den depressiven Mann an. Von seiner ursprünglichen Bedeutung als Liebesgöttin ausgehend, sucht es den Partner, um mit ihm die „heilige Hochzeit" zu feiern. Auf der inneren Ebene als mantisch inspirierter Weisheitsgeist und Wandlungscharakter will es vom Bewusstsein des Müllers liebevoll angenommen und integriert werden. Zu diesem Zweck muss es ihn ermutigen, sich seiner Führung anzuvertrauen, damit er in die Geheimnisse des Weiblichen eingeweiht und in ihm ein Individuationsprozess in Gang gesetzt werden kann.

Die Große Mutter wählt nun eine schöne, verführerische Erscheinung, um die Aufmerksamkeit des Müllers durch ihre erotischen Reize auf sich zu lenken und ihn für ihre Absichten mit Blick auf seine Initiation und Wandlung zu gewinnen. Die Nixe taucht aus dem Wasser des Teichs, d. h. aus den Tiefen des Unbewussten, auf und präsentiert sich dem erstaunten Mann mit ihrem weißen Leib und den ihn bedeckenden „langen Haaren", die allgemein als Sitz der Lebenskraft gelten und hier speziell sexuelle Vitalität symbolisieren.

Doch da der Müller nicht fähig ist, das Wesen der Wasserfrau und ihr Anliegen zu erkennen, und seine Sichtweise nur auf das Äußerlich-Materielle beschränkt, verspricht sie ihm erneuten Reichtum, fordert aber als Opfer sein Kind, ohne dass er dies in seiner Verblendung bemerkt. Dafür macht er dann die Nixe verantwortlich und hält sie für tückisch und betrügerisch. Um sich seine Angst und Mutlosigkeit nicht eingestehen zu müssen, lehnt er die Verkörperung seiner verdrängten Anima mit ihrem Erosprinzip der Bezogenheit letztlich ab.

Mit dieser negativen Einstellung zu den vitalen Seiten seines Wesens kann er zwar seinen Wohlstand wiedererlangen, aber nicht mit seiner Familie in umfassendem Sinn glücklich werden. Das Verdrängte ist zwar ins Bewusstsein vorgedrungen, dort aber nicht positiv aufgenommen, sondern dämonisiert und als böse angesehen worden.[28]

Das Kind reizt im Volksglauben zur Deutung und Vorausschau seines künftigen Lebensschicksals von der Geburt an. Es ist das Symbol für das schlechthin Neue und verkörpert das Potenzielle, das die Möglichkeiten der Zukunft in sich trägt. Auch repräsentiert es eine höhere Transformation des einzelnen Individuums in Gestalt des verwandelten und wiedergeborenen Selbst. Außerdem erscheint das Kind in der Mythologie noch ungeboren in der Großen Mutter als der Herrin des Wassers. Damit gehören die Nixe und der Sohn des Müllers von Anfang an zusammen.

Aber es gibt auch die Vorstellung, dass Wasserfrauen Kinder rauben oder gar fressen, zumindest aber bedrohen können. Jedenfalls bietet im Märchen der Vater als Vertreter des Bewusstseins der Dämonin des Unbewussten die Stirn und erkauft sich ein fragwürdiges Weiterleben durch Opferung der eigenen neuen Form, was ein Verrat am Selbst darstellt. Doch die Nixe will den Knaben nicht haben, bevor er erwachsen ist und sich dann die Frage nach dem Umgang mit Liebe und Sexualität ganz organisch stellt. Das Problem des abgewehrten und abgewerteten Eros, das der Müller nicht lösen konnte, geht nun auf den Sohn über. Denn das Kind wurde schon im Zeichen der Angst vor der Wasserfrau erzogen.

Der junge Mann lässt sich zum Jäger ausbilden und heiratet ein „schönes und treues Mädchen", das er „von Herzen" liebt. Gerade der Bereich, den die Nixe repräsentiert, wird in dieser Beziehung-genau wie beim Müller und seiner Frau-ausgeklammert und übt daher auf das naive Bewusstsein des unerfahrenen Ehemannes unterschwellig eine unheimliche Anziehungskraft aus, der es irgendwann zum Opfer fallen muss.[29]

Der Jäger tötet das Wildtier, kümmert sich aber auch um die Pflanzen, besonders um die Bäume des Waldes. Im Unbewussten ist er das Symbol für das Beschützen und besitzt in den Märchen oft eine Leben erhaltende Funktion. Er weist in der Doppelrolle des Hegenden und Tötenden mythologische Parallelen zum griechischen Hermes und zum germanischen Wotan auf, der den Beinamen „Tweggi" (= der „Zwiefache") trägt. Denn wie die beiden Götter gilt er als Lebensführer und Totengeleiter zugleich. Als Verkörperung des Schnellen wird er zum Anführer der „Wilden Jagd", der in den sog. „zwölf Raunächten" beim Jul- und Totenfest zum Jahreswechsel seinen Umritt macht und dabei helfend, zürnend und belohnend erscheint.

Immer aber gehört der Jäger zum Sinnbild der Lebensordnung und wirkt als Vertreter des geistigen Prinzips. Dabei repräsentiert er die Unterwerfung der tierischen, asozialen und gewalttätigen Tendenzen im Menschen. Früher schrieb man ihm eine geheime Kraft über das Wild zu und führte dieses auf einen Bund mit dem Teufel oder eine Lehrzeit bei ihm zurück. Als Wald- und Sturmgott wurde er selbst sogar in christlicher Zeit regelrecht verteufelt und dämonisiert. Damit rückt er immer enger in die Nähe von Wotan, der das Luftreich mit Wind und Wetter, damit auch symbolisch die Dimension des Geistes beherrscht, aber als Runenkundiger auch im Besitz der Weisheit des Schicksals und der Natur ist.

Das Reh, das der Jäger tötet, ist ein Tier von Waldgöttinnen wie Artemis oder Frau Holle. Es führt den Helden im Märchen oft ins Ungewisse und Unbekannte als Sinnbild einer starken, unklaren Sehnsucht, die aber oft der Liebesregung und damit dem Urbedürfnis nach Nähe und Vereinigung entspricht oder zumindest davon stark gefärbt ist.

Speziell verlockt das Reh ins Zauberland, in die Unterwelt oder ins Reich des Wassermanns und der Nixe, die allesamt Ausprägungen der Sphäre des Unbewussten sind. Das Geweih, das im Winter abgeworfen wird und im Frühjahr sich neu bildet, macht aus dem Tier ein Symbol des wiederkehrenden Lebens und seiner zyklischen Erneuerung. Außerdem ist das Reh der Dimension des Lichts zugehörig. So kann es seinem Verfolger das Glück einer Erkenntnis oder einer Wandlung bringen. Manchmal erscheint sogar die Wald- oder Jagdgöttin selbst in Gestalt ihres Begleittieres.[30]

Hinter dem Bild des Jägers, der das Reh oder die Hirschkuh jagt, steht mythologisch nach Auffassung von Wilhelm Laiblin die Beziehung Wotans zur Frau Holle. Diese ist seine Geliebte und Tochter zugleich, die der Vater verfolgt, weil er sie heiraten will und sie ihn als Freier verabscheut. Im Märchen taucht er manchmal auch als Königssohn auf; sie kommt in unzähligen Volksliedern als „schwarzbraunes Mägdelein“ vor.

Tiefenpsychologisch wird in diesem Geschlechterkampf die

Polarität zwischen dem männlich-geistig-uranischen und dem weiblich-naturhaft-chthonischen Prinzip dargestellt. Letzteres erscheint im mythischen Bild einerseits als Tier, das dem Jäger bzw. Fischer gegenübertritt, andererseits aber auch als Wasserfrau oder Nixe, die dem Mann in geheimnisvoll anziehend-schreckhafter Form begegnet.

Das Große Weibliche, das sich hier ausdrückt, verbindet in seiner Natur das ganz Primitive mit dem Höherentwickelten, ist Brücke und Durchgang vom Erdhaften zum Himmlischen, zieht das Männliche hinab und hinan, je nachdem es ihm sein dunkles oder lichtes, tierisches oder menschliches, naturgebundenes oder geistbeseeltes Antlitz zeigt. Denn die Urmutter vereinigt in ihrem Schoß das ewige Gebären und Verschlingen des Lebens, ist „Madonna" und „Hexe", positiver und negativer Elementar- und Wandlungscharakter zugleich.[31]

Dieser allgemein mythologische Zusammenhang schimmert in der Konstellation des Märchens durch. Reh und Nixe sind die beiden Stufen oder Aspekte, mit denen das Große Weibliche den Jäger anlockt, um ihn dem Wachstumsprozess der Individuation zu unterziehen. Zuerst werden seine Neugier und sein sexuelles Interesse geweckt, und dann muss er in die Tiefe des Unbewussten hinabtauchen. Beide Vorgänge werden durch das Symbol des Blutes vermittelt, das überhaupt das Lebensprinzip versinnbildlicht, dem Menschen zum geheimen Wissen der Seele verhilft, als Sitz der Emotionen gilt und mit Liebe und Erotik in Verbindung steht.

Mythologisch könnte man hier die Erscheinungsformen des Archetyps der Großen Mutter oder Magna Mater als frühlingshaft-jungfräuliche Jagdgöttin Artemis und als sommerlich-erotische Liebesgöttin Aphrodite bezeichnen, die sich mit ihren beiden unterschiedlichen, aber aufeinander bezogenen

Aspekten gegenseitig in die Hand spielen und den Jäger in den Bann des „Ewig-Weiblichen“ ziehen. Blut und Wasser als die Dimensionen der Lebensenergie und des Unbewussten gehören auch zusammen und eröffnen die Tiefenräume, in denen die Entwicklung des Müllersohnes bis hin zu seiner Ganz- oder Selbstwerdung sich abspielen wird.

Zunächst einmal aber kann der junge Ehemann der verführerischen Faszination der Nixe keinen rationalen oder ethischen Widerstand entgegensetzen. In ihm halten sich Angst und Anziehung die Waage und machen ihn handlungsunfähig, sodass die aufgeladene, entfesselte Kraft des verdrängten Eros ihn verschlingen kann. Frei nach Goethes Gedicht „Der Fischer“, das eine ähnliche Konstellation darstellt, lässt sich sagen: „Halb zog sie ihn, halb sank er hin“, nämlich in die Sphäre der seelischen Tiefenschichten hinab.[32]

4.2. Die alte Weise und die Frau des Jägers

Nun wechselt die Perspektive des Märchens vom Männlichen, dem Müller und seinem Sohn, auf das Weibliche über. Die Frau des Jägers kann als Anima oder als eigenständige Figur verstanden werden, deren Gatte dann ihr Animus wäre. Die vorliegende Arbeit möchte sich weder auf die eine noch die andere Interpretationsmöglichkeit eindeutig festlegen, sondern den Blick erst einmal auf den religionsgeschichtlichen Hintergrund richten und von hier aus die Perspektive der Deutung bestimmen.

Bei den alten Germanen war die Frau ursprünglich die vollkommen gleichberechtigte Gefährtin des Mannes, die besonders geeignet zum Dienst am Heiligen schien. Sie erwies sich als bevorzugt begabt mit dem „sechsten Sinn", mit dessen Hilfe sie die unsichtbaren Kraftquellen des Lebens sich erschließen konnte und zu Weissagung und Schicksalsverkündung befähigt war. Durch ihre Intuition entwickelte sie die Heilkunst weiter und fühlte sich dem Wetter wie der Erdfruchtbarkeit eng verbunden.

Auch waltete sie als Herrin im Haus, trug Sorge für die Erfüllung religiöser und sittlicher Pflichten der Sippe, wurde im Rat der Männer gehört und dort bisweilen zu politisch leitender Stellung erhoben. Außerdem galt sie als Bürgin der Ehre, Spenderin des Glücks und Hüterin des Friedens. Vor allem traute jeder germanische Gatte seiner Frau seherische und magische Fähigkeiten zu und verehrte sie als Trägerin göttlicher Weisheit. Die Wahrsagerinnen, Ärztinnen und Priesterinnen vermochten großen Respekt einzuflößen und hatten ihren festen Platz in Literatur, Mythologie und Geschichtsschreibung.[33]

In diese Dimension soll nun die Jägersfrau des Märchens

vom Großen Weiblichen eingeführt und eingeweiht werden. Die verschlingenden Verführungskünste der Nixe sind dafür die Voraussetzung und zugleich die erste Stufe der Initiation. Zunächst wird die junge Gattin als „schön" und „treu" beschrieben, d. h., sie hat einen positiven Wesenskern und die Fähigkeit zu konsequentem Handeln.

Auch ist ihre Intuition vor allem auf das Hier und Jetzt gerichtet, und sie besitzt schon eine Vorahnung von dem, was zwischen ihrem Mann und der Nixe vorgefallen ist. Sie eilt zum Wasser des Unbewussten, ohne sich von ihm wie der Jäger verschlingen zu lassen, sondern bleibt auf Abstand. Dann ruft sie ihren Liebsten voller Sehnsucht und später seine Verführerin „mit harten Worten" an, läuft „hinüber auf die andere Seite des Weihers" und umwandert ihn „immer von neuem". So benennt sie das Problem, betrachtet es von verschiedenen Perspektiven und umkreist es zirkumambulierend immer wieder.

Doch dies nützt alles nichts. Im Gegensatz zum Müller, der nur depressiv wurde, fängt sie zu trauern an. Zuerst will sie den Verlust des Mannes nicht wahrhaben und überlässt sich dann ihren aufbrechenden chaotischen Emotionen. Aber dies kostet sehr viel Kraft. Gerade weil sie das Ihre getan hat, kann ein tiefer Schlaf sein heilendes Werk beginnen, indem er ihr in dieser Krisensituation aus den Tiefen des Unbewussten einen bedeutsamen Traum mit einer wegweisenden Botschaft aufsteigen lässt.[34]

In diesem Zusammenhang erwähnt das Märchen zum ersten Mal den Mond, über den Erich Neumann einen ausführlichen Aufsatz geschrieben hat. Darin wird das nächtliche Gestirn als archetypisches Symbol für das sogenannte „matriarchale Bewusstsein" bezeichnet, das überall dort herrscht, wo das Bewusstsein noch nicht oder nicht mehr patriarchal vom Unbewussten losgelöst ist. Der Mond erscheint hier als ursprünglich-urbildhafter Herr des Wassers, der Feuchtigkeit und alles Wachsend-Lebendigen sowie des Weiblichen in seiner archetypischen Wesenheit, deren menschlicher Repräsentant die irdische Frau ist. Über deren Tätigkeit steht die lunare Sphäre als die sie dirigierende transpersonale Macht.

Fruchtbarkeit, Magie, Inspiration und Weissagung gehören ebenso zum Mond wie zum Weiblichen, das als Schamanin, Prophetin und Priesterin Gestalt annimmt. Außerdem gibt das Licht in der Nacht dem Bereich der Menschen Wachstum, Dichtung, Weisheit und Unsterblichkeit. Auch ist der Mond Gebieter der Frauen, ihrer inneren Defloration und Menstruation, Befruchter und „eigentlicher" Vater der Kinder, ebenso Herr der Ekstase, des Rausches, der Seele und ihrer orgiastischen Begeisterung.

Vor allem erweist sich der Mond als archetypische Mitte der weiblichen Geist-Animus-Welt. In ihr ist das Männliche transpersonal und numinos, hat einen gottmenschlichen Charakter und stellt eine Art Natur-Geist dar, in dem das Emotionale, Dämonische, Musikalische und Erotische dominiert. Mit dieser Animus-Schicht in der Tiefe des Unbewussten verbindet sich das Weibliche, wenn es träumt, phantasiert und innerlich bei sich ist.

Schließlich empfängt die Große Mutter den Mond-Geist, den Herrn und Geliebten, nicht nur als Weibliches von außen, sondern trägt ihn auch als ihre eigene männliche Seite in sich selbst als Gottheit, die Sohngeliebter, Vater und Kind zugleich ist. In der Magna Mater wird das menschliche Licht der Nacht als Zentrum der Animus-Welt erfahren, als Sohn-Geist-Geburt der die Ganzheit repräsentierenden weiblichen Gottheit Sophia.[35]

In der sonstigen tiefenpsychologischen und symbolgeschichtlichen Forschung besitzt der Mond eine enge Beziehung zum Wasser, und erscheint als Sinnbild der unbewussten Erleuchtung und des weiblichen Wesens. Er wird oft als Muttergöttin und Himmelskönigin dargestellt, zu der die Sonne als männliche Macht gehört. Die vorderasiatische Mondgöttin taucht als Vorläuferin der europäischen Nixen manchmal mit einem halben Fischleib auf, so etwa die babylonische Ischtar als Derceto.

Auch hat die germanische Liebesgöttin Freyja einen Mondwagen, der entsprechend von Mondkatzen gezogen wird. In der mitteleuropäischen Märchen- und Sagenwelt ist das nächtliche Gestirn kosmisches Urbild und Sinnbild für innerseelisches Geschehen gleichzeitig und nimmt als vom Himmel herniederstrahlendes Ursymbol des Lebens gewissermaßen menschliche Gestalt im Urmutterbild der Frau Holle an.

Bei zunehmendem Mond sollen nach den Vorstellungen des Aberglaubens Hochzeiten gefeiert werden. Ebenso kann der Neumond im Traum einer jungen Frau den künftigen Ehemann zeigen. Ferner spielt das Licht der Nacht als Dämon im Liebeszauber eine hervorragende Rolle. Außerdem steht das matriarchale Bewusstsein im Banne der Wachstumszeit des Mondes. Abwarten bis zur Reife ist in Ritus und Kult identisch mit der Umkreisung, wie es die Jägersfrau im Nixen-Märchen tun muss. Erst wenn für sie die Zeit erfüllt ist, taucht im Schein des Mondes die Erkenntnis als Erleuchtung auf.[36]

Dies geschieht im Handlungsablauf durch einen Traum, der die junge Sucherin auf eine Anhöhe führt, wo sie in einer Hütte auf eine alte weißhaarige Frau trifft. Am Tag findet sie in der Realität die genaue Entsprechung des in der Nacht Geschauten. Als sie sich auf den Weg zur lichten Höhe macht, wird die Nixe im Teich gleichsam überstiegen und überwachsen. Der Aufstieg bedeutet damit das Überwinden des negativen Aspekts der „Mutter Natur“ und eine Bewusstseinserweiterung, die das Erreichen des Gipfels vermittelt.

So symbolisiert der Berg das zu erreichende Ziel im Unbewussten. Er wird in alten Kulturen als höchster Punkt der irdischen Sphäre, als Nabel (Omphalos) und Mitte der Welt, als Gipfel des Paradieses und als Ort der Begegnung von Himmel und Erde betrachtet. Bei den vor- und frühgeschichtlichen Völkern trägt er auch die Götter, deren Wohnstatt er ist, und verkörpert universelle Kräfte und kosmisches Leben. Auf diese Weise stellt er Beständigkeit, Ewigkeit und Ruhe dar.

Im Innern oder auf der Spitze des Berges wird oft eine schöne Wiese geschildert, die besonders zur germanischen Unterweltsvorstellung gehört und auf die wunderbare Schönheit des paradiesischen Jenseits hinweist. Hier wächst auch das Lebenskraut. Auf der Anhöhe der alten Frau dominiert in diesem Zusammenhang die Farbe Grün, die Wachsen und Werden andeutet und Hoffnung vermittelt.

Das Haus war ursprünglich der schützende Aspekt der Großen Mutter, ein Zentrum der Welt und des menschlichen Lebens und damit die Keimzelle von Kultur. Als umschließendes Symbol steht es auch für die Wohnung der Seele. Das Märchen macht aus der umfassenden, kosmischen Dimension des Hauses die menschlich fassbare Verkleinerungsform der Hütte, die als „reinlich“ dargestellt wird. Im Gegensatz zum chaotisch erscheinenden Nixenbereich ist hier auf der Höhe alles geordnet. Doch die Sauberkeit darf nicht nur äußerlich-konkret, sondern muss auch innerlich-symbolisch verstanden werden, weil es in dieser Sphäre vor allem um Reinigung der Seele und Klärung des Schicksals geht.[37]

Die alte Frau auf dem Berg stellt die hellen Aspekte des Groß-Mütterlichen und des Archetyps der Großen Mutter dar. Die lichte Höhe, auf der sie haust, ist vom weiblichen Geistaspekt der Sophia geprägt. Diese große Weisheitsgestalt, die auch auf Bergen in Himmelsnähe wohnte, war in der Antike dem Orient wohl bekannt, auch der Bibel und den Juden vertraut und im Mittelalter als „frou wisheit" ebenso in christlichen Kreisen sehr beliebt.

Sophia steht symbolisch u. a. auch für intuitiv-visionäre Fähigkeiten des Weiblichen, z. B. Schicksalsverkündung, Weissagung und Zauberei, die von den alten Germanen als vorzugsweise Gaben ihrer Frauen sehr geschätzt wurden. Im deutschen Aberglauben hatte die Klugheit der alten Weiber etwas Unheimliches und Übernatürliches, weil sie sich besonders auf geheimnisvolle Dinge richtete, die anderen Menschen verschlossen blieben.

Traumdeuterinnen und Wahrsagerinnen in hohem Alter sind seit dem 14. und 15. Jahrhundert bezeugt. Tiefenpsychologisch gesehen ist im Unbewussten der gebärenden und nährenden, schützenden und wandelnden Kraft der Tiefe eine Weisheit wirksam, die als Ursprung von Vision und Sinnbild, Dichtung und Wahrheitsschau, erlösend und richtungsgebend in die menschliche Existenz eingreift.

Innerhalb der matriarchalen Mythologie repräsentiert die alte Frau die herbstlich-winterliche Todesgöttin, die alles Leben im Abgrund vernichtet und zugleich aus der Tiefe wieder auferstehen lässt. Sie bestimmt die Zyklen der Gestirne, der Vegetation und des Menschen. Damit ist sie die Herrin der kosmischen Ordnung und die ewige Weisheit in Person. Im Märchen repräsentieren Reh (jungfräuliche Frühlingsgöttin), Nixe (erotische Sommergöttin) und alte Bergfrau (greisenhafte

Herbst-Wintergöttin) die drei Aspekte der großen Muttergottheit des Matriarchats, deren übergreifendes Symbol der Mond ausdrückt.[38]

Vordergründig trägt die alte Weise in „Die Nixe im Teich“ keinen eigenen Namen. Doch darf vermutet werden, dass hinter ihrer Gestalt Frau Holle stehen könnte, die in Märchen, Volkssagen und Mythologie als ein himmlisches, die Erde umspannendes Wesen vorgestellt wird. Sie ist die Große Göttin der matriarchalen Vorzeit im germanischen Bereich.

Als Holla, Holda oder Hulda (= „die freundliche, milde gnädige Frau“) wird sie in Mittel-und Norddeutschland verehrt. In Skandinavien erscheint sie unter dem Namen „Huldre“. Perchta, d. h. „die glänzende, leuchtende, weiße Frau”, heißt sie in Süddeutschland, Österreich und der Schweiz. Ebenso taucht sie in den Göttersagen der alten Germanen auf: als Wotans Gattin Frick, die „Herrin“ über alles Lebendige, aber auch als Unterweltsherrscherin Hel, die „Bergende“ der Toten.

So ist Frau Holle die umfassende Göttin des Lebens, der Erde, der Vegetation, der Fruchtbarkeit, der Geburt und der Liebe, aber auch des Todes und seines Schattenreiches. Sie wohnt nicht nur im Wolkenhaus des Himmels, d. h. des weiblichen Geistes der Weisheit, sondern auch im Brunnen, der den Eingangsschacht in die Tiefe ihrer jenseitigen Welt bildet und wohl der Dimension des kollektiven Unbewussten entspricht.

Vor allem segnet sie Frau Holle Feld und das Getreidewachstum, ist damit natürlich neben dem Bauern auch dem Müller besonders zugetan, wie die Nixe im Märchen. Gelegentlich wird Frau Holle mit Frau Venus gleichgesetzt, die eine mittelalterliche Ausprägung der griechischen Aphrodite ist. Diese aus der Tannhäusersage bekannte Liebesgöttin herrscht im Venusberg, der eine Stätte voller Freude, Lust und Erotik darstellt.[39]

Frau Holle hat auch einen besonderen Bezug zum Wasser. Sie entlässt einerseits die Kinder aus ihrem Brunnen oder Teich, holt sie aber andererseits wieder in ihr Element zurück. Hier liegt die Vorstellung zugrunde, dass alles Leben dem Wasser entsteigt und wieder in es eingeht. Außerdem macht Frau Holle Frauen, die zu ihr in den Brunnen kommen, gesund und fruchtbar, was auf der heilenden, kraftspendenden und lebenserneuernden Wirkung des Wassers beruht. Auch zeigt sich die große germanische Mutterfigur manchmal als schöne weiße Frau in der Mitte ihres Teichs, badet dann darin um die Mittagsstunde und verschwindet nachher. Sie erscheint als „wazzerholde", als weibliches Wesen vom „holden Ansehen", das aus den Tiefen des Wassers stammt.

In einer Variante des Grimmschen Märchens von „Frau Holle" kommen die beiden in den Brunnen gestürzten Mädchen zu einer „Nixe mit furchtbaren Haaren, die gewiss in einem Jahr nicht gekämmt waren", und diese verlangt dann jeweils von den Kindern gekämmt zu werden. Die Wasserfrau verkörpert hier die ungeordnete, ungebändigte, vitale Seite der Natur, die den Menschen auffordert, sie zu bewältigen und zu ordnen. Wenn er sich in den Dienst der „Mutter Natur" stellt, kann sie ihn mit Kräften vertraut machen, die er zur Bewältigung seiner Lebensaufgaben braucht, und ihn so zu sich selbst führen.

Hier wird deutlich, dass die Nixe ein wichtiger Aspekt von Frau Holle ist, der nicht von dem Erscheinungsbild der umfassenden Muttergöttin in seiner Ganzheit abgetrennt werden darf, gleichwohl aber vom Christentum besonders stark bekämpft und dämonisiert wurde.[40]

Für das „Teich"-Märchen besagt dies, dass die Nixe und die alte Weise nur zwei verschiedene Seiten der gleichen großen weiblichen Gottheit sind, die den Jäger und seine Frau zu Wandlung und Reife führt und beide zu einer tieferen, weiseren Erkenntnis von sich selbst, vom anderen und damit von der gemeinsamen Beziehung bringt. Die Nixe stellt den Mann vor das ungelöste Problem des Eros und setzt damit die ganze Entwicklung in Gang. Dies ist die notwendige Voraussetzung für das Erscheinen der Frau auf dem Berg, zuerst im Traum, dann in der Realität.

Die alte Weise besitzt die Fähigkeit, Rat wissen und geben zu können. Sie nimmt den jeweils günstigen Zeitpunkt für den Wandel der Geschicke wahr und sieht die Entfaltung aller Dinge souverän voraus. Dabei fördert sie die Selbstständigkeit derer, die sich ihr anvertrauen, und bringt sie auf den jeweils eigenen Erfahrungsweg. Vor allem stellt sie ihre Weisheit in den Dienst des Eros und hilft Mann und Frau, zueinander zu finden. Gerade ihr tiefes Wissen um das Wesen des erotischen Zaubers macht sie den Künsten der Nixe überlegen, und ihr Sinn für die Stimmigkeit der Dinge wirkt sich positiv auf den Verlauf der Handlung aus.[41]

Die Frau des Jägers war zunächst nur „schön“ und „treu“, d. h. ganz auf ihren Mann bezogen und an ihn angepasst. Einen Eigenwert ihrer Persönlichkeit kannte sie dabei noch nicht. Dies änderte sich allerdings, als sie nach dem Verschwinden des Gatten ganz auf sich allein gestellt war. Sie musste erste Schritte in die Unabhängigkeit gehen, trauern und träumen, den schwierigen Weg nach oben nehmen, die lichte Anhöhe erklimmen und damit eine erste Stufe in Richtung kosmisch-astraler Sphäre besteigen.

Damit ist sie in den Bereich des jungfräulichen Aspekts der Großen Göttin vorgedrungen, kann sich nun in aller Ruhe die erotischen Seiten der Magna Mater aneignen, bedarf aber hierzu der Hilfe durch die Weisheitsdimension des Ewig-Weiblichen, die sich in der alten Bergfrau verkörpert.

Der Beginn des Initiationsweges in das Reich der Liebesgöttin erfolgt durch das Geschenk eines goldenen Kammes, mit dem die junge Frau ihr langes schwarzes Haar am Weiher bei Vollmond strählen soll. Die wichtigste Voraussetzung dafür ist das Ausharren bis zum richtigen Zeitpunkt, womit die Jägerin in den inneren Kreis des matriarchalen Bewusstseins und damit des Unbewussten eintritt und langsam auch in dessen Tiefe hineinwächst. Als Symbol für diesen Prozess erscheint der Vollmond, in dessen die Zeichen die Zeit der weiblichen Fülle zur Vollendung kommt und sich erfüllt.[42]

Der Kamm ist ein Bild der äußeren Ordnung und dient der körperlichen Schönheit durch die Pflege der Haare. Aber er kann auch kosmische Bedeutung wie Fruchtbarkeit, Regen oder Sonnenstrahlen annehmen sowie Verstrickung und Musik repräsentieren, wobei er gerade hier auch als Attribut von Venus-Aphrodite, Nixen und Sirenen zu erscheinen vermag. Das Kämmen der langen Haare ist bei der Frau eine Form der erotischen Selbstdarstellung und hat auch den Aspekt, Ordnung in die Fülle des weiblichen Kopfschmucks zu bringen.

In Sagen kämmen Geisterwesen ihre Haare oft nachts im Mondlicht mit einem goldenen Kamm. Besonders wird dies von den Nixen berichtet. Auch Frau Berta oder Perchta lässt sich gern von ihren Mägden strählen. Das „schwarzbraune Mägdelein“ aus den Volksliedern, eine verjüngte Form von Frau Holle, wird manchmal „strahllos“ genannt und erscheint auch in der erwähnten Variante des Grimmschen Märchens als Nixe, die vom Menschen verlangt, dass er ihre ungebändigte Kraft ordnen soll. In der Provence und der Oberpfalz kämmen junge Frauen ihre Haare im Mondschein oder an bestimmten

Tagen nackt, um einen Mann zu finden oder zumindest den Zukünftigen im Traum zu sehen. Das Kopfhaar ganz allgemein bedeutet Lebenssubstanz, Schönheit und erotische Kraft, aber auch Kreativität, Inspiration und die Macht der Gedanken und Phantasien.

Die Nixe im Märchen hat keine eigentliche Haarfarbe, erscheint jedoch in Sagen und Dichtungen mit grünem oder goldenem Kopfschmuck, d. h. ganz der Natur und dem Unbewussten oder dem Licht aus dessen Tiefenschichten zugeordnet. Das schwarze Haar ist am allgemeinsten verbreitet, gilt daher als normal und gewöhnlich, kann aber auch den Todesaspekt der Großen Göttin wie z. B. bei Hel repräsentieren. Die Frau des Jägers soll also durch das Kämmen lernen, sich der eigenen Nixenhaftigkeit, d. h. der erotischen Seite ihres weiblichen Wesens, bewusst zu werden, sich dabei von innerer Erstarrung zu neuer Lebendigkeit zu wandeln und ihre alltägliche Gewöhnlichkeit ins Licht ihrer ureignen Vitalität und Originalität zu heben.[43]

Das zweite Geschenk der alten Weisen an die junge Ehefrau ist eine goldene Flöte, die eine weitere Stufe ihres Individuationsprozesses andeutet. Schon die Farbe des Instruments verweist auf Dauer und Ewigkeit und hat als Symbol des Licht- und Sonnengottes ein männliches Vorzeichen. Auf der inneren Ebene steht sie für das Selbst und damit das höchste Bewusstsein. Wie aber z. B. der Goldregen der Frau Holle und des Zeus anzeigt, drückt sie auch ein geist-seelisches Fruchtbarkeitsmotiv aus.

Die Flöte an sich ist zunächst ein Bild der inneren Ordnung und Harmonie, das dem Schönheitsverlangen der Seele bei der Musik entspricht und sich vor allem in China ausgeprägt hat. Allerdings kann sie auch sinnbildlich die Bedeutung von Schmerz und extremen Gefühlsbewegungen annehmen. In der griechischen Mythologie erscheint die Flöte als Attribut der Muse Euterpe, der Sirenen und des Waldgottes Pan und wird dabei zum Zeichen der lyrischen Poesie, der Verführung und der Emotionen sowie der allumfassenden Naturharmonie. Bei den alten Babyloniern dient sie auch als Mittel, die Unterweltsgöttin zu betören, und im Hinduismus verkörpert sie in der Hand des Liebesgottes Krishna die Stimme der Ewigkeit, die den im Zeitlichen lebenden Menschen ruft.

Die Flöte gilt daher auch als „Zauberinstrument", das im Zuhörer neue Kräfte weckt und ihn verwandelt. In ihr liegt ein Sehnsuchtston, der über die Natur hinausweist und in mystische und transzendente Bereiche hinüberschwingt. Oft wird sie von Männern gespielt, besonders von Hirten, aber auch von Helden aus dem Bereich der Kunst, wie etwa von Tamino aus Mozarts Meisteroper „Die Zauberflöte". Nach dem Volksbrauch ist sie ein phallisches Instrument und verweist tiefenpsychologisch auf die weibliche Geist-Animus-Welt des Unbewussten, in der die Verkörperung des männlichen Anteils der Frau als Seelenbefruchter fungiert. Im Märchen dient sie dem Lock-, Liebes- und Bannzauber.[44]

Insgesamt ist die Dimension der Musik Frau Holle nicht fremd. Als Hulda erfreut sie sich mit ihrem Gefolge vor allem am Alpengesang und an Zitherweisen. Ihre nordische Variante Huldre, die dem Weiden, Hüten und Melken zugeordnet ist, steht den Hirten nahe, nimmt am Tanz der Menschen teil und liebt besonders Musik und Gesang. Zu ihr gehört eine eigene Liedform, die „Huldreslaat" genannt wird und eine traurige Weise hat. Wenn im deutschen Volksglauben die unterirdischen Dämonen und Zwerge Hochzeit feiern, bildet die Flöte einen wichtigen Teil des Orchesters.

Besonders Musik liebend sind die Wassergeister. So fühlen sich die Seejungfern oft angeregt, ihr nasses Element zu verlassen und mit den Bauernburschen zu tanzen. Oder sie lassen sich unten in ihrem Reich von Spielleuten, die sie heruntergeholt haben, zum Tanz aufspielen.

Nach alter Vorstellung singen die Nixen lieblich und locken dadurch Jünglinge an. Auf diese Weise zieht etwa die Loreley die Schiffer in die Tiefe. Gelegentlich ist neben solchem Gesang auch von Musik, Pfeifen und Walzerklängen die Rede. In Südböhmen verleitet der Wassermann die Kinder durch Flötenspiel und lässt sie in den Teich kommen.

So hat gerade dieses „Zauberinstrument" auch mit dem Bereich der Geister des nassen Elements zu tun. Es wird zum Attribut der Nixen, mit dem sie die Männer verführen. Mit sanften, klagenden Tönen öffnen sie die Sehnsucht nach Gefühlen und inneren Räumen, die über das Bekannte hinausweisen und das Diesseitige mit dem Jenseitigen verbinden. Damit dürfte wohl die Sphäre des mantisch inspirierten Großen Weiblichen gemeint sein, das sich der Flöte aus seiner Geist-Animus-Schicht bedient, um die Seele der Jägersfrau in die Schwingungen seiner Tiefe zu versetzen.

Mit dem Spielen des phallischen Instruments soll die junge Gattin lernen, sich die männliche Seite ihres weiblichen Wesens, d. h. ihren schöpferischen Aspekt, bewusst zu machen und in Bezug auf den Jäger auch entsprechend zu gestalten, damit sie zu seiner Muse und inspirierenden Anima oder gar selbst zur Künstlerin werde, die durch ihr kreatives Tun den Individuationsprozess in ihnen beiden vorantreiben und damit die Geburt des Selbst in sich und in ihm entscheidend vorbereiten könne.[45]

Die dritte Gabe der alten Weisen an die Frau des Jägers ist

ein goldenes Spinnrad, das eine weitere Steigerung ihrer Entwicklung repräsentiert. Die Farbe bezieht sich hier nur auf Dauer und Ewigkeit; ihr männliches Vorzeichen kommt durch den ganzen Symbolzusammenhang des Gerätes dabei aber nicht zum Tragen. Freud würde „spinnen" zwar lediglich auf den Geschlechtsverkehr hin interpretieren, aber Jung sieht darin die Eigentätigkeit der gesamten unbewussten Psyche.

Im übertragenen Sinne bedeutet das Wort auch „über Herkunft und Zukunft des Lebens nachsinnen". Ebenso kann damit „einer Phantasie, einer Imagination oder einem Tagtraum nachgehen" gemeint sein. Unter dem Bild des Spinnens und Webens ist nach Bachofen die Tätigkeit der bildenden, formenden Naturkraft dargestellt.

Dieses Urmysterium wurde in der Projektion auf die das Leben webende und den Schicksalsfaden spinnende Magna Mater erfahren und daher den großen Muttergottheiten wie den griechischen Moiren, den römischen Parzen oder den germanischen Nornen zugeordnet. Da das Netz der Spinne den in ihm verfangenen kleinen Tieren den unausweichlichen Untergang bringt, so konnte es als Symbol der Schicksalsgöttin Ananke (d. h. „Schicksalszwang") dienen, die man sich mit Spindel und Rocken vorstellte. Psychologisch bedeutet dies, dass ein Mensch sich im Chaos seines Triebgeflechts verfängt.

Das Spinnrad, mit dem der Lebensfaden gesponnen wird, ist ein Bild der Schicksalsverwirklichung, die vom Persönlichkeitskern des Selbst ausgeht. Dieser repräsentiert das im Unbewussten vorhandene geheime Ordnungsprinzip, das allen scheinbar sinnlosen existenziellen Verwicklungen zugrunde liegt. Die Spindel ist nicht nur Ausdruck der sinnvoll schöpferischen Arbeit, sondern auch Symbol des Schicksalsweges überhaupt und bedeutet in diesem Sinne die Möglichkeit, eine

Phantasie zu produzieren, die das rettende Zentrum in den seelischen Tiefenschichten in Gang setzt, um das abgesunkene, in sich verstrickte Ichbewusstsein wieder auf den Boden der Wirklichkeit zurückbringen zu lassen.[46]

In deutschen Märchen und Sagen ist das Spinnrad oft das Kennzeichen der weisen Frauen, aber auch der Hexen. Frau Holle gilt als Schutzherrin des Spinnens und Webens, wacht über diese weiblichen Tätigkeiten und wird so zur Richterin der Frauen. Als göttliche Spinnerin Frigg webt sie die Schicksalsfäden der Menschen ineinander und hält den strengen Ablauf der Zeit, das gute wie das schlechte Wetter in ihren Händen. Aber sie kann auch als dämonische Spinnerin Perchta Mägden, die in den Rockenstuben ihre Aufgaben nicht erfüllen, den Bauch aufschlitzen und Steine hineinfüllen.

Zwar gehört das Spinnen auf den ersten Blick nicht zu den Tätigkeiten, die normalerweise den Nixen zugeschrieben werden. Doch haben die griechischen Nereiden, die im Meer leben, goldene Spindeln in ihrem Besitz. Auch gibt es in alemannischen Sagenfassungen Wasserfrauen, die in das Dorf nicht zum Tanz, sondern zum Arbeiten in die Spinnstube kommen. Dort sprechen sie nie ein Wort, und wenn man sie nach ihrer Herkunft fragt, bleiben sie weg.

Wie die Anima ein Teilaspekt der Großen Mutter ist und zum Selbst führt, so gehört die Nixe mit ihrer erotischen Faszination auch zur Sphäre des mantisch inspirierten Weiblichen und ist am Prozess der Schicksalsgestaltung und Weisheitsgewinnung beteiligt, dem sich die Initianden unterziehen müssen. Auf diesem Weg soll die Frau des Jägers lernen, zur umfassenden Dimension ihres weiblich-mütterlichen Wesens vorzustoßen und sich einen die Situation klärenden Überblick zu verschaffen, der in liebevoller Fürsorge sich und den

Partner einbezieht und von da aus zum Handeln gelangt. Die schöpferisch befruchtende Kraft der Geist-Animus-Schicht bildet dabei die Brücke zwischen dem Beziehung-Stiftenden des Erosprinzips und dem Erleuchtung-Bringenden des Sophia-Weiblichen.[47]

Während die Frau oder Anima handelt und wichtige Seiten ihres Wesens integriert, bleibt der Mann oder Animus im Grunde passiv und weiterhin der Nixe und ihrer erotischen Faszination aus der Tiefe des Unbewussten verhaftet. Er erfährt hier den Zauber einer Minneentrückung, wird damit auf seine Weise durch die Wasserfrau wie seine Gattin durch die alte Weise in die Welt des Großen Weiblichen eingeweiht und findet so auch Orientierungshilfe und Sinnstiftung auf seinem Weg zur Selbstwerdung.

Auf eine feinere, unmerklichere Weise als seine Partnerin macht auch er eine Persönlichkeitsveränderung durch. Als sie am Rand des Weihers ihre schwarzen Haare kämmt, taucht er kurz mit seinem Kopf, den er an die Nixe „verloren" hat, aus der Tiefe auf und schaut sie mit „traurigen Blicken" an. Er hat inzwischen wieder angefangen zu denken und erkannt, was er vermisst. Denn er musste Vergleiche zwischen der Wasser- und der Ehefrau anstellen und die Unterschiede zwischen beiden deutlich wahrnehmen. Dabei dürfte er auch einen Einblick in das Wesen seiner Gattin bekommen und deren Wert erneut schätzen gelernt haben. Dies macht ihn jetzt traurig und lässt ihn die Situation neu beurteilen.

Beim zweiten Mal, als die Frau die Flöte bläst, breitet er „voll Verlangen seine Arme nach ihr aus". Im Zeichen des „Zauberinstruments" spricht nun sein Herz und zeigt seine ganzen Gefühle mit aller Sehnsucht nach der Geliebten. Sie, die zu ihm gehörende Partnerin oder persönliche Anima, ist der eigentlich wahre „Gegenstand“ seiner Liebe, nicht die überpersönliche erotische Verkörperung des Großen Weiblichen, die ihn aber weiterhin mit ihrer Ausstrahlungskraft gefangen hält und in ihren Bann zieht, bis die Ehefrau das Spinnrad am Ufer betätigt. Dann steigt der Jäger nicht nur mit seinem halben, sondern seinem ganzen Leib in die Höhe und springt schnell an Land. So kommt er ins eigenständige Handeln, befreit sich aus der Abhängigkeit von der ihn immer mehr erdrückenden Faszination und stellt aktiv den Kontakt zu seiner Frau her, auf die sich nun ausschließlich sein Verlangen richtet. Doch damit ist der ganze Individuationsprozess für die beiden Liebenden noch nicht zu Ende.[48]

4.3. Der Jäger und seine Frau

Das Große Weibliche bereitet nun den letzten Schritt zur Einweihung in sein Geheimnis vor und lässt dafür seinen Doppelaspekt als Nixe und alte Weise zum ersten Mal konzentriert zusammenwirken. Das Ehepaar hat seine Lektion quasi theoretisch gelernt, muss sie aber jetzt verinnerlichen und „verdauen", damit es sie dann in die Realität umsetzen kann.

Die Wasserfrau erscheint nicht mehr als Gestalt, zeigt sich aber noch einmal in ihrem ureigenen Element von ihrer dämonischen Seite, vielleicht auch als Zeichen dafür, dass der Jäger und seine Frau ihre nixenhaften Anteile nun ganz archaisch ausleben und von einer sexuellen Leidenschaftlichkeit ergriffen und überflutet werden, die sie scheinbar völlig zurückwirft und auf eine ganz triebhafte Stufe fixiert.

Sinnbildlich findet diese Regression dadurch ihren Ausdruck, dass die alte Bergfrau die Liebenden in Frosch und Kröte verwandelt, gleichzeitig aber mit diesen Tieren die umfassende Dimension des Initiationsweges, der beiden schon andeutet. Die zwei Amphibien sind Wesen des Übergangs und damit der Wandlung, die sowohl im Wasser als auch auf dem Land leben können, d. h. zwar einerseits im Bereich des Unbewussten existieren, andererseits aber auch die Möglichkeit besitzen, eines Tages auf den Boden des Bewusstseins zurückzukehren.[49]

Im deutschen Volksglauben steht der Frosch verengt für Geschlechtsvorgänge und spielt auch im Liebeszauber eine bedeutende Rolle. Als dem Mond zugeordneter Regenbringer repräsentiert er aber nicht nur Erotik, sondern auch Fruchtbarkeit und Produktivität. Außerdem bedeutet er als ein Wesen, das aus dem Wasser steigt, Erneuerung des Lebens und Auferstehung und unterscheidet sich mit seiner feuchten Haut von der Trockenheit des Todes. Bei den Griechen gilt er als Attribut von Aphrodite und symbolisiert neben Zügellosigkeit und Zeugungslust auch die Harmonie zwischen Liebenden.

Die Kelten sehen in ihm den Herrn der Erde und die Macht der Heilwasser. In ihm verkörpert sich der um alle Abgründe und zukünftigen Ereignisse wie z. B. Geburten wissende Brunnengeist und Urgott der Wassertiefe, der in der germanischen Mythologie die Gestalt von Mimir annimmt und nicht nur die Weissagung, sondern auch umfassend für die Weisheit steht.

Sein Name führt auch zum nordischen Frühlingsgott Fro, der alle Jahre verjüngt aus der Erdtiefe aufsteigt wie der Frosch aus dem Wasser und mit seiner Schwestergattin, der Liebesgöttin Freyja, die „heilige Hochzeit" feiert. Das Tier gehört ebenso zum Reich von Frau Holle, die sich gern in Brunnen aufhält und aus ihnen die Kinder aufsteigen lässt, und kann in diesem Zusammenhang die Seele des Ungeborenen repräsentieren.[50]

Bei der Kröte spitzt sich die ambivalente Symbolik der Amphibien noch weiter zu. Nach Bachofen herrscht in der frühesten Epoche der Menschheitsentwicklung die regellose Sumpfzeugung vor, bei der Wasser und Erde in ständiger Umarmung sich vermählen und ungezügelt urtümliches Leben zeugen. Prototyp der monogamen Gattin und Mutter ist für den Menschen dieser chthonischen Stufe die „Hetäre", die der Mann in dumpfem Trieb als Uterus für seine ausgesäten Kinder gebraucht.

Als ihr Symboltier gilt die Kröte, die mit ihrer Hell-Dunkel-Färbung auf das für diese Epoche repräsentative kosmische Leit-Symbol des Mondes hinweist. Eine der bekanntesten griechischen Hetären hieß Phryne, deren Name so viel wie „Kröte" bedeutete. Einerseits ist das Tier ein Sinnbild für Fruchtbarkeit, Schwangerschaft und Auferstehung, wird mit dem Mutterschoß und dem Orakelwesen in Verbindung gebracht und besitzt glück-und heilbringende Kräfte. Allgemein betrachtete man es der Erde zugehörig, bei den Germanen war es der Frau Holle und in der Antike dem phrygischen Wein-und Vegetationsgott Dionysos-Sabazios als Attribut zugeordnet.

Andererseits kann die Kröte mit ihren Giftwarzen und dem alles verschlingenden Maul das Böse, Ekelhafte und Tödliche verkörpern. Im keltischen Bereich steht sie häufig für das negative Prinzip des Lebens mit seiner destruktiven Macht, und in der christlichen Religion erscheint sie als Hexen-und Teufelstier, dessen Gestalt auch Zwerge und Nixen annehmen können. Für das ganze Mittelalter war sie das Symbol für Geiz, Neid, Unkeuschheit und Wiedergeburt der Seelen, die aus den Gräbern hervordrängen, um sich zu bewähren.

Allerdings bedeutet in Märchen und Träumen das Bekenntnis zur Kröte das Erwachen besonderer Kräfte sowie ein psychischer Gewinn und eine innere Bereicherung. Auf einer tieferen Ebene ist das Tier unter tiefenpsychologischem Aspekt ein Sinnbild neuen Werdens und damit eines schöpferischen seelischen Vorganges, ebenso auch Symbol der Veränderung und des sich aus innerstem Gesetz wandelnden Schicksals.[51]

Damit ist schon angedeutet, was hier mit den Liebenden geschieht. Ihre Entwicklung spitzt sich in Gestalt von Frosch und Kröte dramatisch zu. Was die beiden bisher in ihrer Beziehung verdrängt oder zumindest unterbelichtet gelassen haben, nämlich den nixenhaften Eros, wird jetzt überdeutlich auf den Punkt gebracht, der in Form von sexuellem Rausch das Paar zu überschwemmen und zu verschlingen droht.

Doch die zwei befinden sich in einem inneren Prozess, der mit Notwendigkeit abläuft und den C. G. Jung nach Heraklit „Enantiodromie“ nennt, d. h. den Umschlag eines Geschehens in sein Gegenteil und damit die Herstellung von Wandlung. Danach muss der Mensch sein Schicksal annehmen und gläubig im Sinne des matriarchalen Bewusstseins warten, bis Neues aus Altem, Helles aus Dunklem und Gutes aus Bösem geboren wird. Notwendig erscheint hier das, was die Not wendet, wenn die rechte Stunde gekommen ist.

Im Märchen verwandelt sich nun der Bereich der Nixe vollständig in die Sphäre der alten Weisen. Nicht mehr das Wasser mit dem Sturm der Leidenschaft, sondern die ruhige Polarität von Berg und Tal bestimmt jetzt die Szene. Die Liebenden haben zu ihrer menschlichen Gestalt zurückgefunden, sind aber durch die Gewalt des Triebgeschehens zutiefst erschreckt und dadurch voneinander getrennt worden.

Jeder hat so die Möglichkeit, in der Einsamkeit und im regelmäßigen Auf und Ab dieser Leidenschaft zu sich selbst zu kommen, sich dabei an das Vergangene zu erinnern, das Wesentliche vom Unwesentlichen zu unterscheiden und zu erkennen, was ihnen ihre Partnerschaft wirklich bedeutet. In diesem Verinnerlichungsprozess entwickeln sie die Gefühle der Trauer und Sehnsucht, verarbeiten dabei ihre Trennung, lassen das Alte und Gewohnte los, beziehen sich in der Phantasie vorgreifend wieder auf den abwesenden anderen und erwarten so innerlich eine gemeinsame Zukunft, für die aber die Zeit noch nicht reif ist.[52]

Die alte Weise tritt nicht mehr als Gestalt auf, erscheint aber in der Landschaft, in deren Tieren und im Tun der Menschen überall gleichsam aufgelöst und damit allgegenwärtig zu sein. In der Stille der Natur und der Besinnung der Liebenden auf sich selbst hält sie hintergründig mehr denn je die Fäden der Handlung zusammen und lässt alles sich nun ganz ruhig entwickeln.

Der Berg steht hier nicht mehr für den Gegensatz der Alten zur Wasserfrau, sondern wird innerhalb der Dimension des Sophia-Weiblichen zum Gegenpol des Tals, das Leben, Fruchtbarkeit, Ackerbau und Herdenreichtum symbolisiert. Es drückt den schützenden Aspekt der Großen Mutter aus und ist mit seiner Betonung der Erdhaftigkeit immer auf sein nach oben ausgerichtetes Pendant bezogen, das nach Geist und Himmel strebt.

In der chinesischen Symbolik repräsentiert das Tal den „yin"-Zustand und das Schattendasein sowie ansonsten das Niedrige und Begegnung an sich, während der Berg im Fernen Osten das „yang" und das Sonnige sowie ganz allgemein das Hohe und Einsamkeit für sich genommen bedeutet. Die Polarität der beiden Naturgegebenheiten trennt zunächst die Liebenden für ihre Trauerarbeit, vereinigt sie aber dann am Ende des Prozesses. Dafür ist das Tier nötig, das die Atmosphäre dieser Landschaft bestimmt.

Das Schaf versinnbildlicht auf einer äußeren Ebene zunächst blindes, törichtes Nachfolgen und insofern Hilflosigkeit. In China steht es für einsames Leben, bei den Germanen ist es ein Symbol der Wachstumskraft. Als Seelen-und Wolkentier erscheint es auch im Zusammenhang mit Frau Holle, bei der es weilt und von der es angetrieben wird.

Daher spielt es auch im Orakelwesen eine besondere Rolle und gilt als zukunftskündend, wobei seine Glücksbedeutung überwiegt. Wenn man z. B. einer Herde begegnet, ist dies ein gutes Vorzeichen. So wird das Schaf auch in der Heiratsprophetie und im Liebeszauber verwendet.

Das Christentum tilgte größtenteils seine Bedeutung als Gespenstertier und machte aus ihm das Lamm, das zum Symbol für Güte, Unschuld, Reinheit, Taufe, Wiedergeburt, das unbefleckte Opfer, den leidenden und auferstandenen Christus wurde.[53]

Viele der angeführten Aspekte kommen zusammen, wenn die Liebenden nun die Tiere in ihren jeweiligen Herden hüten. Der Schäfer ist zunächst vom Viehhirten zu unterscheiden, der mit Pferden, Rindern, Gänsen und Schweinen zu tun hat, während der Erstgenannte nur für Schafe und Ziegen zuständig ist. Er bleibt aus der dörflichen Gemeinschaft ausgeschlossen, lebt fern von ihr auf einsamen Bergen und Tälern und steht meist auf einer niederen gesellschaftlichen Stufe.

Als Außenseiter hat der Schäfer in den Augen seiner Mitmenschen etwas Unheimliches, besitzt für sie geheimnisvolle Kräfte und Gaben und erregt somit bei ihnen Bewunderung, aber auch Scheu. Durch sein Verweilen in der Einsamkeit kommt er mit überirdischen Wesen in Berührung. Am häufigsten erscheint ihm die in den Berg verwunschene weiße Frau, die eine Variante der Frau Holle darstellt, oder er verliebt sich in eine aus dem Wasser auftauchende Nixe.

Außerdem gilt der Schäfer als Wetterprophet, schaut die Zukunft voraus und wirkt als Heilpraktiker, Tierarzt, Pflanzenkenner und Magier. Gerade diese Seiten lassen ihn als weisen, klugen Mann mit höherem Wissen und reicher Naturerfahrung ausgestattet erscheinen.[54]

Der Hirte im engeren Sinne gehört der Dorfgemeinschaft an und hütet deren Vieh auf ihrer gemeinsamen Weide. Ebenso wie der Schäfer kommt er durch seine volksmedizinischen Kenntnisse in den Ruf, geheimnisvolle Heilkräfte zu kennen und zu besitzen. Dazu gehört auch die Fähigkeit, die Herde nach seinem Willen zu lenken. Auch wird er wie sein Außenseiterkollege mit vor der Kultur des Ackerbaus fliehenden Naturgeistern in Verbindung gebracht.

Unsterbliche Frauen wie Aphrodite, die Nymphe Echenais, die „Große Bergmutter“ Kybele oder die Mondgöttin Selene begehren ihn als Geliebten und suchen ihn auf seiner Weide auf. Als Beispiele der antiken Mythologie für solche Fälle seien Paris, Anchises, Daphnis, Attis und Endymion angeführt. Bei den Hirten wachsen auch Helden und Göttersöhne auf.

Der Hüter des Viehs kann ebenso Verwunschene oder Verzauberte erlösen, meist durch Kuss und Umarmung, oder durch helles und lautes Singen Regen bringen. Bei Frühlingsfesten und rituellen Bräuchen des Fruchtbarkeitszaubers wird er mit Eiern beschenkt und dient dabei den Mädchen als Tanzpartner. Am Pfingstsonntag tötet er nach einem Umzug den Vegetationsgeist, der meist in Gestalt eines Frosches erscheint. Überdies wird bei vielen Völkern der König als Hirte des Volkes bezeichnet. Im Alten Testament wird selbst Gott so genannt und der Beruf des Viehhüters als fürstliche Aufgabe und sogar als königliches Amt aufgefasst. Von hier aus erhält der Begriff dieser Tätigkeit eine immer umfassendere Bedeutung.

Der Hirte wird vom Führer und Beschützer jeder Herde zum Erlöser und Psychopompos, der bisweilen auch mit dem Totengott assoziiert werden kann. In Ägypten tragen Re, Osiris und der Pharao diesen Berufstitel als Beinamen; in Griechenland stehen Hermes, Pan, Apollo und Orpheus damit in Verbindung. Für die abendländische Kultur erscheint Christus als Verkörperung des „guten Hirten“, der Menschlichkeit, Mitleid und Erlösung für die Verlorenen symbolisiert. Sein Stab wird zum Kennzeichen seiner Apostel, Bischöfe und Päpste.[55]

Im Märchen ist nun vor allem bedeutsam, dass der Jäger sich zum Schäfer gewandelt hat. Sein Tier ist nun nicht mehr das Reh, das er tötet, sondern das Schaf, das er hütet. Auf der kollektiven Ebene deutet sich mythologisch ein Übergang von

Wotan zu Christus und damit ein großer Sublimierungs- und Humanisierungsprozess an. Individuell muss der Mann lernen, das Tier nicht mehr zu jagen, sondern ihm zu dienen; d. h., es geht für ihn jetzt darum, seine Trieb-und Instinktseiten auf seinem Individuationsweg vollständig zu integrieren, anstatt sie wie bisher einseitig aggressiv auszuleben.

Die Gattin des Jägers erfährt durch ihr Dasein als Hirtin noch eine weitere Verselbstständigung und Befreiung gegenüber ihrem früheren Leben als Hausfrau und knüpft durch ihre größere Unabhängigkeit an alte matriarchale Traditionen an, die sie immer mehr zur würdigen menschlichen „Tochter" der Großen Göttin in Gestalt der alten Weisen machen.

Mann und Frau führen nun die gleiche Tätigkeit aus und sind sich damit ebenbürtig geworden. Beim Hüten der Schafe entwickeln sie die Fähigkeit der Konzentration, die sowohl innerlich als auch äußerlich zur Sammlung führt. Sie umkreisen dabei immer wieder ihre Herden und ihre Probleme, nehmen stets von neuem verschiedene Blickwinkel ein und gelangen mit der Zeit zu einer ausgewogenen Sicht der Dinge.

Außerdem müssen die beiden wachsam in der Außenwelt allen Gefahren begegnen, denen ihre Tiere beispielsweise durch Wölfe oder andere Raubtiere ausgesetzt sind, und dabei ein hohes Maß an Verantwortung zeigen. Aber sie können sich auch ganz ihrer Innenwelt hingeben, den Sinn für das Wesentliche des Lebens und ihrer Beziehung schärfen und sich für die Weisheit des Großen Weiblichen immer mehr öffnen.

So leben sie jahrelang getrennt voneinander in diesem Rhythmus von Innen und Außen, „yin" und „yang", Zentrierung und Öffnung, was in der Landschaft durch die Polarität von Berg und Tal symbolisiert wird, und erfassen auf diese Weise nach und nach die Gesetzmäßigkeiten des matriarchalen Bewusstseins, das es ihnen ermöglicht, so lange geduldig auszuharren, bis die Zeit für eine erneute Begegnung gekommen ist.[56]

Die alte Weise führt die beiden ganz langsam und diskret, scheinbar zufällig und in Wahrheit doch sinnvoll nach dem Prinzip der Synchronizität, im Frühling zusammen. In dieser Jahreszeit wachsen die neuen Keime aus dem Boden der Erde und die erneuernden Lebenskräfte des Eros aus der Seele des Menschen hervor, finden Fruchtbarkeitsrituale und das Osterfest statt, in denen auf der einen Seite die „heilige Hochzeit" der Großen Göttin mit ihrem Sohngeliebten und auf der anderen Seite der Kreuzestod und die Auferstehung von Gottes Sohn gefeiert werden.

Insofern sind der Jüngling mit dem Blumenkranz als Verkörperung des Heros der Muttergöttin und das Lamm als Repräsentation von Christus beides die zentralen Sinnbilder des Frühlings, die auch ein bezeichnendes Licht auf das Wiedersehen der getrennten Liebenden werfen.

Diese zwei Aspekte der Symbolik des Frühjahrs müssen hier nun zusammenwirken, damit jetzt die Ganzheit mit Geist, Seele und Körper im Zeichen von Eros und Erlösung bei der erneuten Begegnung erreicht werden kann. Als Schäfer und Schäferin in einem Tal unter dem Schutz der Großen Mutter aufeinander treffen, geht die Annäherung der beiden behutsam Schritt für Schritt voran.

Zunächst spricht in ihnen nur ein dumpfes Gefühl ohne tiefere Erkenntnis. Durch das tägliche Beisammensein entwickeln sich Freude und Trost und helfen ihnen über ihre Einsamkeit hinweg, bereiten aber auch schon die positive Stimmung und Atmosphäre vor, die das eigentliche Wiedererwachen der Liebe einbetten. Den inneren Katalysator für diesen Vorgang bildet dann die Trauer, die in der Frau hochkommt und ihre Erinnerung an die Vergangenheit auslöst.

Die beiden Symbole, die den Kristallisationspunkt der erneuten Entdeckung des anderen umrahmen und gleichzeitig vorantreiben, sind auch zwei Leitmotive des ganzen Märchens, nämlich Vollmond und Flöte, die im Zeichen des mantisch inspirierten Großen Weiblichen stehen und auf dessen Geist-Animus-Schicht verweisen. Zusammen drücken sie schöpferische Fülle und tiefe Seelenbefruchtung im Geist der Liebe und des Erosprinzips aus.

Bei den alten Hirtenvölkern war es üblich, sich durch eine besondere Art des Flötens seine Zuneigung zu gestehen. Im griechischen Mythos verliebt sich der Weidegott Pan in die Nymphe Syrinx und verfolgt sie. Diese wird von ihren Schwestern deshalb in einen Schilfrohrbusch verwandelt. Pan schneidet dann davon einige Rohre ab, legt sie an den Mund, lässt im Blasen seiner Trauer und Sehnsucht freien Lauf und wird so zum Erfinder der Hirtenflöte.

Triebhaftigkeit verwandelt sich hier in Kunst, die zwar nach Er-hörung im Zeitlichen drängt, aber im produktiven Schaffensakt eine alles verändernde Sublimierung erfährt und damit die Sphäre der überzeitlichen Transzendenz einbezieht.[57]

Dies geschieht im Märchen auch auf der Beziehungsebene. Die Flöte, die bisher nur in den Händen der Frauen war und von der alten Weisen über die Gattin zur Nixe gelangte, geht nun in den Besitz des Mannes über und wird von ihm geblasen. Das phallische Instrument, das lange in der Geist-Animus-Sphäre des Weiblichen verweilte, kommt jetzt in seinen ursprünglichen Symbolbereich zurück und dient zur Ausübung der Kunst.

Der Mann bläst auf der Flöte wie Pan ein trauriges Lied,

das die Emotion der Frau total berührt und in ihr eine Reinigung, eine Katharsis der Seele bewirkt. So wird er für sie zum befruchtenden Künstler und realen Projektionsträger ihres Animus und sie für ihn zur inspirierenden Muse und personalen Verkörperung seiner Anima-Übertragung.

Was vorher auf der inneren Ebene als Seelenanteil im Unbewussten abgespalten war und langsam im Individuationsprozess integriert werden musste, kommt nun in der äußeren Begegnung der beiden Menschen als bewusstes Erleben zusammen und wirkt wechselseitig aufeinander ein.

Sichtbarer Ausdruck für dieses Ereignis ist, dass die Frau nach dem Lied des Mannes vom Vollmond spricht, der dann auf sein Gesicht scheint. Für das matriarchale Bewusstsein ist der richtige Zeitpunkt zum Handeln da, und das Große Weibliche stiftet jetzt in seiner Weisheit die Beziehung der Liebenden neu und führt sie zur vollständigen Erfüllung.

Das Hebräische hat für den Vorgang, der hier gemeint ist, das doppelsinnige Wort „jada", das sowohl „beischlafen" als auch „erkennen" bedeuten kann. Der Ausdruck wird im Alten Testament, Genesis 4, gebraucht und erscheint zweimal in Bezug auf Adam und Eva sowie einmal im Hinblick auf Kain und seine Gattin, wobei die Frauen dann immer schwanger werden und Kinder gebären.

Es geht hier um den geistigen „Koitus" des gegenseitigen Erkennens, das den anderen in seiner Ganzheit und seinem Wesen „schaut", tief versteht und voll annimmt. Das Märchen spricht davon, dass es ihm war, „als fiele eine Decke von den Augen". Parallel dazu gibt es in Genesis 3 eine Stelle, an der von Adam und Eva berichtet wird: „Da gingen beiden die Augen auf, und sie erkannten, dass sie nackt waren".

In der Grimmschen Erzählung geht den beiden etwas vom

Persönlichkeitskern des anderen auf; d. h., ihnen leuchtet etwas vom Selbst des Partners auf, was aber nur möglich ist, wenn das eigene Selbst aus dem Unbewussten ins Bewusstsein hineinstrahlt und dort als Licht in der Finsternis geboren wird.[58]

Ausdruck dieser innen wie außen umfassenden ganzheitlichen Liebe ist der Kuss, den die Eheleute sich nach der Umarmung geben. Ganz allgemein kann er guten Willen, Frieden, Vertragsbesiegelung, treuen Glauben, Zusammengehörigkeit, Versöhnung, Sexualität und Zuneigung bedeuten. Er wird vor allem in Verbindung mit dem Atem und seiner Lebensenergie gebracht, die durch den Mund ein-und ausfährt.

Daher symbolisiert die Geste des Küssens das Spenden dieser vitalen Potenz. Dadurch erfolgt nach alter platonischer Anschauung der Austausch der Seelen und ihrer im Hauch gedachten Kräfte. Für Bachofen scheint darin gar „das kosmische Gesetz unter den Menschen seine Erfüllung zu erhalten und die Harmonie der höheren und niederen Welt hergestellt".

Der Kuss wird so zum Sinnbild der erlösenden Vereinigung, in dem sich die Gegensätze der Welt versöhnen und der vom Anbeginn durch die Schöpfung gehende Riss sich für einen Augenblick schließt. Beim Weitergeben der Lebensenergie verfügt der Küssende über eine höhere, stärkere Kraft, mit der er den anderen magisch erfüllt. Der Empfangende wird dabei ins Leben zurückgeholt, von Verwünschungen befreit oder von Krankheiten und Gebrechen geheilt.

Auch hat der Kuss religiös als Kraftübertragung und Fruchtbarkeitsbrauch weitere Bedeutung bekommen. Der allmächtigen Erde ist auf diese Weise Verehrung zu zollen, da sie sich sonst rächen könnte. Ihr Acker gilt dabei als Kornmutter, die durch einen Kuss befruchtet wird, was früher nach alter Auffassung durch wirkliche Paarung geschah. Bei Anbetungsritualen gibt es noch die Vorstellung, dass der geküsste Gegenstand seine Wirkung dem Küssenden mitteile und dadurch der Verehrer in die engste Verbindung mit dem Heiligen trete. Ebenso kann der Kuss im Aberglauben auch prophetische Bedeutung als Orakel annehmen.[59]

Im Symbol des Kusses zeigt sich nicht nur das Ende, sondern auch die Essenz des Individuationsprozesses, den die beiden Liebenden bis jetzt durchlaufen mussten. Am Anfang der Entwicklung beruhte diese Beziehung auf der Basis von Treue und Herzlichkeit und klammerte den Eros weitgehend aus. Dieser erschien jedoch in Gestalt der dämonisch verschlingenden Nixe, die den Mann in ihren Bann zog.

Dies war wiederum der Auslöser, um den Gegenpol der alten Weisen zu aktivieren. Diese weihte die Frau in die Geheimnisse des Eros ein und lehrte sie, ihre eigenen nixenhaften Seiten zu entdecken und zu entfalten. Die Erfahrung der Überflutung durch rauschhaft erlebte Sexualität konnte von den Liebenden nicht verarbeitet werden und musste zu deren Gegensatz als Dasein in Stille und Meditation durch Schafehüten führen.

Hier durfte der Eros auf eine geistig-seelische Ebene in Form von Trauer und Sehnsucht gehoben und dadurch sublimiert werden, ehe er durch die gegenseitige Erkenntnis der Wesensmitte des Partners seine Integration in die Ganzheit der Liebe erfuhr. Mann und Frau waren am Ende „glückselig“, was auf ihre „Erleuchtung“ und Reife durch Wachstum des eigenen Persönlichkeitskernes und mehr Verständnis für den anderen und die Beziehung schließen lässt.

Hinter Anima und Animus wird so die Dimension des Selbst sichtbar, die nicht nur den individuellen Charakter durchdringt, sondern auch auf den Partner ausstrahlt und damit gemeinschaftliche Verbundenheit zwischen den beiden im tiefsten Sinne stiftet. Das mantisch inspirierte Große Weibliche hat die Entwicklung der Liebenden bis zu diesem Punkt durch die Nixe in Gang gesetzt und problematisiert, durch die alte Weise gefördert und zu einem positiven Ende gebracht.

Die Eheleute sind nicht mehr die Gleichen wie am Anfang, sondern mussten eine grundlegende Wandlung durchmachen. Sie hatten durch viel Leid und Schmerz zu gehen und sich in Form einer „Minneentrückung“ und „Nachtmeerfahrt“ durch Wald, Wasser, Berg und Tal einer radikalen Regression in das „Muttergefäß“ des Unbewussten zu unterziehen, das die alte Persönlichkeit sterben und eine neue vom Grunde des Selbst aus entstehen ließ.

Am Ende des Individuationsprozesses gelangen die beiden in die Sphäre von Glückseligkeit, Kunst, Ergriffenheit und Weisheit. Diese Dimension ist der Kernbereich des Großen Weiblichen und setzt in den Liebenden intuitive „seherische“ Fähigkeiten frei, die es ihnen ermöglicht, den gewonnenen Einblick in das Wesen des Eigenen und des Partners für die Beziehung auf eine tief greifende Weise gemeinsam fruchtbar zu machen und dabei sowohl die Nixe als auch die alte Weise mitleben zu lassen.[60]

Anmerkungen

1. An die Neue Deutsche Rechtschreibung angepasste Fassung von: Brüder Grimm, Kinder- und Hausmärchen, 7. Auflage (letzter Hand), Göttingen: Dieterich 1857, S. 377-383
2. Stamer, S.9 f u. 12-18. – Hunger, S. 275 u. 377 f. – E. Jung, S. 79. – Müller, S. 31-34, 441 f u. 445 f
3. Müller, S. 284-86. – Zingsem, S. 21-23 u. 100-05 . – Johnson, S. 150-55 u. 253 f. – Cumont, S. 94 f u. S. 107 f. – Göttner-Abendroth, S. 27 f, 66-69 u. 79-82. – Hunger, S. 44 f, 70 f, 72 f u. 421. – Harding, S. 125 u. 287 f. – Heisig, S. 174 f
4. Lecouteux, Nicchus, S. 280 u. 284-86
5. Ninck, Götter, S. 27 u. 150. – Ninck, Wodan, S. 221, 223, 271 f u. 278. – Bächtold-Stäubli, Bd. 9, S.178. – Grimm, Bd. 1, S. 360 u. 405 + Bd. 3, S. 142. – E. Jung, S. 87
6. Grimm, Bd. 1, S. 312, 360 u. 411. – Ninck, Götter, S. 27 u. 56. – Ninck, Wodan, S. 210, 223, 271 u. 278. – Bächtold-Stäubli, Bd. 9, S. 178. – E. Jung, S. 93-95. – Müller, S. 108-110.
7. E. Jung, S. 87. – Riedel, S. 140 u. 142. – Bächtold-Stäubli, Bd. 9, S. 183. – Ninck, Wodan, S. 279. – Lecouteux, Nicchus, S. 281 f
8. Grimm, Bd. 1, S. 408 f u. 412 f. – Loewecke, S. 35, 49 f, 61-63 u. 65-67. – Beese, S. 244. – Lecouteux, Motiv, S. 69. – Stamer, S. 19 f. – E. Jung, S. 96
9. Frenzel, S. 487-89. – Heisig, S. 171 f u. 180 f. – Lecouteux, Entstehung, S. 74, 79 u. 84. – Hunger, S. 64-66, 150 f u. 160 f. – Markale, S. 157-60. – Laistner, S. 199-201. – Baumer, S. 35 f. – C. G. Jung, S. 158 u. 197 f
10. Baumer, S. 29-37. – Markale, S. 174-83. – Göttner-Abendroth, S. 100-03, 197-204 u. 223-27. – E. Jung, S. 98 f u. 105 f
11. E. Jung, S. 92 f, 102, 104 f. Anm. 47, 110, 112 f u. 119 f. – Stamer, S. 10-12, 23 f u. 39 f. – Markale S. 155 f, 183 f u. 200 f. – C. G. Jung, S. 162 f u. 200-202. – Frenzel, S. 771
12. Frenzel, S. 442 f, 489 u. 771-73. – Stamer, S. 27 f, 33 u. 36 f. – E. Jung, S. 102-04. – F. Ranke, S. IX-XI. – Beese, S. 238. – von der Leyen, S. 232 u. 337. – Bolte/Polivka, Bd. 2, S.140 + Bd. 3 S. 322
13. Nitschke, S. 88-90, 94-96 u. 216
14. von der Leyen, S. 34 u. 338. – Brunner-Traut, S. 253 f u. 268. – Beltz, S. 106 u. 175 f. – Helck/Otto, S. 50. – Lurker, S. 46
15. von der Leyen, S. 338. – Hunger S. 209 f, 278 f u. 281. – Nack/Wägner, S. 78 f, 81 u. 93 f. – von Wilpert, Bd. 2, S. 612 f

16. Führer, S. 84 u. 92. – Riedel, S. 123 f, 130-32 u. 140 f. – von Beit, Bd. 2, S. 97 u. 97 Anm. 2. – Solms, S. 188 f
17. von der Leyen, S. 19 f u. 45. – Ranke, Enzyklopädie, Bd. 1, S. 566 u. 570 f. + Bd. 3, S. 287-89
18. Ranke/Brednich, Enzyklopädie, Bd. 10, S. 42 f. – Delarue, Bd. 1, S. 270. – Bolte/Polivka, Bd. 3, S. 322
19. Ranke/Brednich, Enzyklopädie, Bd. 10, S. 43 f. – von Wilpert, Bd. 4, S. 1280. – Scherf, Bd. 1, S. 339 f. – Klöne, S. 52. – Bolte/Polivka, Bd. 3, S. 323
20. Scherf, Bd. 1, S. 341 + Bd. 2, S. 889, 912 f u. 918. – Rölleke, S. 578. – Bechstein, S. 807
21. Rölleke, S. 578. – Scherf, Bd. 2, S. 889 f. – Bechstein, S. 807. – Ranke/Brednich, Enzyklopädie, Bd. 10, S. 45
22. Bolte/Polivka, Bd. 3, S. 322 f. – Scherf, Bd. 1, S. 342 + Bd. 2, S. 914. – Ranke, Enzyklopädie, Bd. 3, S. 292 f. – Ranke/Brednich, Enzyklopädie, Bd. 10, S. 44 f. – Ranke, Volksmärchen, S. 187 f
23. Ranke/Brednich, Enzyklopädie, Bd. 10, S. 43 f. – Ranke, Enzyklopädie, Bd. 3, S. 293. – Bolte/Polivka, Bd. 3, S. 323. – Delarue, Bd. 1, S. 274
24. Delarue, Bd. 1, S. 270-73. – Bolte/Polivka, Bd. 3, S. 323 f. – von Beit, Bd. 2, S. 92-96. – Köhler-Zülch/Shojaei Kawan, S. 108-12. – Scherf, Bd. 1, S. 342
25. Neumann, Große Mutter, S. 275 f u. 279 f. – Riedel S. 147-50. – Ninck, Wodan, S. 278-80 u. 305 f. – Müller, S. 16 f, 23 f, 97 f u. 356 f
26. Schliephacke, Bildersprache, S. 43. – von Bonin, Handlexikon S. 79 f. – Cooper, S. 123 f. – Bächtold-Stäubli, Bd. 6, S. 604-07 u. 613-17
27. Kast, Wege, S. 87 f. – Kast, Nixe, S. 21-23. – Riedel, S. 82 f. – Bittlinger, S. 272 f. – von Bonin, Nixe, S. 34 f u. 38 f
28. Kast, Wege, S. 89-91. – Kast, Nixe, S. 24-28 u. 44-48. – Riedel, S. 83 f. – von Beit, Bd. 2, S. 97 u. 105. – Schliephacke, Märchen, S. 78 f. – Schliephacke, Bildersprache, S. 28. – Bächtold-Stäubli, Bd. 3, S. 1258 f
29. Bächtold-Stäubli, Bd.4, S. 1310 f u. 1329. – von Bonin, Handlexikon, S. 67. – Cooper S. 92. – von Beit, Bd. 2, S. 97 f. – Kast, Wege, S. 91-93. – Kast, Nixe, S. 54-59. – Riedel, S. 85 f
30. von Bonin, Handlexikon, S. 63 f u. 93. – Schliephacke, Bildersprache, S. 34 u. 49. – Schliephacke, Märchen, S. 79 f. – Bächtold-Stäubli, Bd. 4, S. 586 f + Bd. 7, S. 616 f
31. Laiblin, S. 138-40. – Neumann, Große Mutter, S. 80 f. – Müller, S. 98 u. 272-74
32. Kast, Nixe, S. 61-66. – Bittlinger S. 277-80. – Laiblin, S. 140 f. – von Bonin, Nixe, S. 59-63. – von Bonin, Handlexikon, S. 23 f. – Bächtold-Stäubli, Bd. 1, S. 1434 f. – Cooper, S. 27

33. Birkhäuser-Oeri, S. 225 f u. 230. – Wassziehr, S. 116 f. – Bächtold-Stäubli, Bd. 2, S. 1734 f u. 1771. – Riedel, S. 142-44
34. Kast, Nixe, S. 68-71. – Riedel, S. 86-88. – von Bonin, Nixe, S. 69-72. – Bittlinger, S. 282 f
35. Neumann, Mond, S. 71, 78 f, 82, 85 f, 112 f u. 121. – Müller, S. 24 f u. 47 f
36. von Bonin, Handlexikon, S. 79. – Cooper, S. 121 u. 123. – Harding, S. 222. – Laiblin, S. 107 f. – Bächtold-Stäubli, Bd. 6, S. 486 f u. 508. – Neumann, Mond, S. 98 f
37. von Bonin, Handlexikon, S. 20 f u. 57. – Cooper, S. 23 u. 75. – Bächtold-Stäubli, Bd. 1, S. 1049, 1054 u. 1056 + Bd. 3, S. 1552. – Kast, Wege, S. 95 u. 97. – Kast, Nixe, S. 75 f. – Riedel, S. 88 f
38. Riedel, S. 89, 107 u. 129. – Grimm, Bd. 1, S. 329. – Bächtold-Stäubli, Bd. 1, S. 329. – Neumann, Große Mutter, S. 309. – Göttner-Abendroth, S. 17 u. 20
39. Grimm, Bd. 1, S. 220-22, 225 f, 249-51, 259 f u. 377 + Bd. 2, S. 780 f. – Bächtold-Stäubli, Bd. 3, S. 108-10 u. 1697 f + Bd. 6, S. 1478 f u.1483. – Riedel, S. 123 f, 131 f, 136, 138 u. 140 f. – Laiblin, S. 113 f. – E. Jung, S. 106 f
40. Grimm, Bd. 1, S. 222. – Ninck, Wodan, S. 209 f. – Bächtold-Stäubli, Bd. 6, S. 1482 f. – Bolte/Polivka, Bd. 1, S. 209. – Laiblin, S. 106 f u. 138 f. – von Beit, Bd. 1, S. 127, 669 f u. 672, Riedel, S. 130-32
41. Riedel, S. 81 f, 98 f u. 107 f. – Kast, Wege, S. 97 f. – Kast, Nixe, S. 79-83. – Wasserziehr, S. 112 f u. 115. – Beese, S. 230 f
42. Göttner-Abendroth, S. 5 u. 17. – Mulack, S. 82 f. – Kast, Nixe, S. 98. – Riedel, S. 91
43. Schliephacke, Märchen, S. 81. – Schliephacke, Bildersprache, S. 28. – Cooper, S. 69 u. 88. – Bächtold-Stäubli, Bd. 3, S. 1250-53 + Bd. 4, S. 946 u. 951 + Bd. 9, S. 152 f. – von Bonin, Handlexikon, S. 51, 54 f u. 107. – Kast, Wege, S. 98. – Kast, Nixe, S. 97. – Laiblin, S. 138
44. von Bonin, Handlexikon, S. 50, Schliephacke, Bildersprache, S. 20 u. 25. – Schliephacke, Märchen, S. 81. – Cooper, S. 58 u. 65 f. – Riedel, S. 92. – Hunger, S. 262, 300 u. 378
45. Bächtold-Stäubli, Bd. 6, S. 660 f + Bd. 9, S. 146 f u. 156 f. – Grimm, Bd. 1, S. 225 u. 407 f. – Riedel, S. 92 u. 138. – Kast, Wege, S. 98 f. – Kast, Nixe, S. 101 f
46. Schliephacke, Bildersprache, S. 57. – Schliephacke, Märchen, S. 81 f. – von Bonin, Handlexikon, S. 113. – von Beit, Bd. 1, S. 126 u. 760 f. – Neumann, Große Mutter, S. 216 f. – Birkhäuser-Oeri, S. 226. – Cooper, S. 180

47. Bächtold-Stäubli, Bd. 3, S. 107 f + Bd. 6, S. 1481 f + Bd. 8, S. 264 + Bd. 9, S. 157. – Grimm, Bd. 1, S. 223 f. – Cooper, S. 179. – Stamer, S. 32. – Riedel, S. 93 u. 132 f. – Kast, Nixe, S. 104-06. – Kast, Wege, S. 99, Birkhäuser-Oeri, S. 226-28. – Laiblin S. 107
48. Kast, Nixe, S. 65 f, 99-102 u. 105 f. – Riedel, S. 91-93. – Bittlinger, S. 288-90. – Mallet, S. 125 f u. 129 f. – Birkhäuser-Oeri, S. 228-30
49. Riedel, S. 94 f. – Kast, Nixe, S. 106 f. – Kast, Wege, S. 100. – Bittlinger, S. 290 f. – von Beit, Bd. 2, S. 105. – Stamer, S. 11 f
50. Cooper, S. 61. – Schliephacke, Bildersprache, S. 23. – Kast, Nixe, S. 107 f. – von Bonin, Handlexikon, S. 45 f. – Bächtold-Stäubli, Bd. 3, S. 130 u.132
51. Laiblin, S. 119, 121 u. 144 f. – Schliephacke, Märchen, S. 82. – Schliephacke, Bildersprache, S. 38 f. – Cooper, S. 102 f. – von Bonin, Handlexikon, S. 72. – Bächtold-Stäubli, Bd. 5, S. 609 f, 613 u. 625 f
52. Müller, S. 101 f. – Laiblin, S. 120 f. – Kast, Nixe, S. 111 f. – von Bonin, Nixe, S. 79 f. – Riedel, S. 96
53. Cooper, S. 23 f, 107, 157 u. 191. – Kast, Wege, S. 100 f. – Bittlinger, S. 293. – Bächtold-Stäubli, Bd. 7, S. 974 f, 978 f u. 983 f
54. Bächtold-Stäubli, Bd. 4, S. 125 u. 128 + Bd. 9, S. 123-25. – Riedel S. 138 f
55. Bächtold-Stäubli, Bd. 4, S. 124, 127 f, 130 u. 134. – Cooper, S. 79 f. – Riedel, S. 96
56. Riedel, S. 95 f. – Kast, Nixe, S. 109 f. – Schliephacke, Märchen, S. 83. – Bittlinger, S. 292 f
57. Müller, S. 402-04. – Riedel, S. 96 f. – Cooper, S. 86. – Kast, Nixe, S. 114 f. – Schliephacke, Märchen, S.84. – Hunger, S. 300 f
58. Bibel, S. 7, Gen. 3,7+S. 8, Gen. 4,1 u. 4,17+S.9, Gen.4,25. – Müller, S. 23-25, 59 f u. 377 f. – Schliephacke, Märchen, S. 83 f. – Kast, Nixe, S. 115 f. – Riedel, S. 97 f. – von Bonin, Nixe, S. 80 f
59. Cooper, S. 105. – von Bonin, Handlexikon, S. 74. – Schliephacke, Bildersprache, S. 39 f. – Bächtold-Stäubli, Bd. 5, S. 842, 844 f, 849 f, 853 f, 858 u. 861
60. Müller, S. 195 f, 199 f, 357 u. 376 f. – Kast, Nixe, S. 116-18. – Kast, Wege, S. 101 f. – Riedel, S.98 f. – von Bonin, Nixe, S. 81. – Bittlinger S.293

Literaturverzeichnis

Altägyptische Märchen. Übertragen und bearbeitet von Emma Brunner-Traut. Düsseldorf-Köln: Diederichs, 1963

Bächtold-Stäubli, Hanns: siehe Handwörterbuch des deutschen Aberglaubens

Baumer, Franz: König Artus, Manuskripte zur Fernsehtrilogie des Bayerischen Rundfunks. München: TR Verlagsunion, 1988

Bechstein, Ludwig: Sämtliche Märchen. Vollständige Ausgabe mit Anmerkungen und einem Nachwort von Walter Scherf. München: Winkler, 1965

Beese, Henriette: Nachwort. In: Von Nixen und Brunnenfrauen. Märchen des 19. Jahrhunderts. Ausgewählt und mit einem Nachwort versehen von Henriette Beese. Frankfurt-Berlin-Wien: Ullstein Taschenbuch, 1982, S. 227-257

Beit, Hedwig von: Symbolik des Märchens. 3 Bde. Bern: Francke, 1952-1957

Beltz Walter: Die Mythen der Ägypter, Düsseldorf: claassen, 1982

Birkhäuser-Oeri, Sybille: Die Mutter im Märchen. Deutung der Problematik des Mütterlichen und des Mutterkomplexes am Beispiel bekannter Märchen. Herausgegeben von Marie-Louise von Franz. Fellbach-Oeffingen: Bonz, 1977

Bittlinger, Arnold: Es war einmal... Grimmsche Märchen tiefenpsychologisch gedeutet. München: Knaur, 1994 (Esoterik)

Bolte, Johannes/ Polivka, Georg: Anmerkungen zu den Kinder- und Hausmärchen der Brüder Grimm. 3 Bde. Leipzig: Dieterich`sche Verlagsbuchhandlung, 1913-1918

Bonin, Felix von: Die Nixe im Teich. Untreue – Die Sünden der Väter. Ahlerstedt: Param, 2002 (Heilung durch Märchen)

Bonin, Felix von: Kleines Handlexikon der Märchensymbolik. Stuttgart: Kreuz, 2001

Brunner-Traut, Emma: siehe Altägyptische Märchen

Cooper, Jean C.: Illustriertes Lexikon der traditionellen Symbole. Aus dem Englischen übertragen von Gudrun und Matthias Middell. Wiesbaden: Drei Lilien, 1986

Cumont, Franz: Die orientalischen Religionen im römischen Heidentum. Nach der 4. französischen Auflage unter Zugrundelegung der Übersetzung Gehrichs bearbeitet von August Burckhardt-Brandenberg. Darmstadt: Wissenschaftliche Buchgesellschaft, 1959, 4. Aufl.

Delarue, Paul: Le conte populaire francais. Catalogue raisonné des versions de France et des pays de langue francaise d´outre-mer. Band 1. Novelle Edition. Paris : Maisonneuve et Larose, 1976

Die Bibel, Altes und Neues Testament. Einheitsübersetzung. Stuttgart: Katholische Bibelanstalt, 1980

dtv-Lexikon der Weltliteratur. Herausgegeben von Gero von Wilpert. 4 Bde. München: Deutscher Taschenbuch Verlag, 1971

Enzyklopädie des Märchens. Handwörterbuch zur historischen und vergleichenden Erzählforschung. Bd. 1-4: Herausgegeben von Kurt Ranke. Berlin-New York: Walter de Gruyter, 1977-1984

Enzyklopädie des Märchens. Handwörterbuch zur historischen und vergleichenden Erzählforschung. Bd. 5-10: Begründet von Kurt Ranke. Herausgegeben von Rolf Wilhelm Brednich. Berlin-New York: Walter de Gruyter, 1987-2002

Frenzel, Elisabeth: Stoffe der Weltliteratur, Ein Lexikon dichtungsgeschichtlicher Längsschnitte. Stuttgart: Kröner, 1962

Führer, Maria: Nordgermanische Götterüberlieferung und deutsches Volksmärchen. 80 Märchen der Brüder Grimm vom Mythus her beleuchtet München: Filser, 1938

Göttner-Abendroth, Heide: Die Göttin und ihr Heros. Die matriarchalen Religionen in Mythos, Märchen und Dichtung. München: Frauenoffensive, 1980

Grimm, Jacob: Deutsche Mythologie. 3 Bde. Unveränd. reprograf. Nachdr. der Berliner Ausg. 1875-1878. Besorgt und herausgegeben von Elard Hugo Meyer. Darmstadt: Wissenschaftliche Buchgesellschaft, 1965

Handwörterbuch des deutschen Aberglaubens.10 Bde. Unveränd. photomech. Nachdr. der Ausg. Berlin-Leipzig 1927-1942. Herausgegeben von Hanns Bächtold-Stäubli unter Mitwirkung von Eduard Hoffmann-Krayer mit einem Vorwort von Christoph Daxelmüller. Berlin-New York: Walter de Gruyter, 1987

Harding, Esther: Frauen-Mysterien einst und jetzt. Mit einem Geleitwort von C. G. Jung. Aus dem Amerikanischen übersetzt von F. du Bois-Reymond. Zürich: Rascher, 1949

Heisig, Karl: Über den Ursprung der Melusinensage. In: Fabula. Zeitschrift für Erzählforschung. 3. Bd. (1960), S. 170-181

Helck, Wolfgang/ Otto, Eberhard: Kleines Wörterbuch der Ägyptologie. Wiesbaden: Otto Harrassowitz, 1956

Hunger, Herbert: Lexikon der griechischen und römischen Mythologie mit Hinweisen auf das Fortwirken antiker Stoffe und Motive in der bildenden Kunst, Literatur und Musik des Abendlandes bis zur Gegenwart. Wien: Brüder Hollinek, 1959

Johnson, Buffie: Die Große Mutter in ihren Tieren. Göttinnen alter Kulturen. Aus dem Amerikanischen von Brigitte Siegel. Olten-Freiburg i. Br.: Walter, 1990

Jung, Carl Gustav: Studien über alchemistische Vorstellungen. Gesammelte Werke 13. Bd. Olten-Freiburg i. Br.: Walter, 1978

Jung, Emma: Die Anima als Naturwesen. In: Festschrift zum 80. Geburtstag von C. G. Jung. Studien zur Analytischen Psychologie C. G. Jungs. Bd 2: Beiträge zur Kulturgeschichte. Herausgegeben vom C. G. Jung-Institut Zürich. Zürich: Rascher, 1955, S. 78-120

Kast, Verena: Die Nixe im Teich. Gefahr und Chance erotischer Leidenschaft. Zürich: Kreuz, 1995 (Weisheit im Märchen)

Kast, Verena: Wege aus Angst und Symbiose. Märchen psychologisch gedeutet. Olten-Freiburg i. Br.: Walter, 1982

Klöne, Ursula: Die Aufnahme des Märchens in der italienischen Kunstprosa von Straparola bis Basile. Marburg 1961, Phil. Diss.

Köhler-Zülch, Ines/ Shojaei Kawan, Christine: Schneewittchen hat viele Schwestern. Frauengestalten in europäischen Märchen. Beispiele und Kommentare. Gütersloh: Gerd Mohn, 1988

Laiblin Wilhelm: Das Urbild der Mutter. In: Märchenforschung und Tiefenpsychologie. Herausgegeben von Wilhelm Laiblin. Darmstadt: Wissenschaftliche Buchgesellschaft, 1969, S. 100-150 (Wege der Forschung)

Laistner, Ludwig: Das Rätsel der Sphinx, Grundzüge einer Mythengeschichte. Erster Band. Berlin: Hertz, 1889

Lecouteux, Claude: Das Motiv der gestörten Mahrtenehe als Widerspiegelung der menschlichen Psyche. In: Vom Menschenbild im Märchen. Im Auftrag der Europäischen Märchengesellschaft herausgegeben von Jürgen Janning, Heino Gehrts und Herbert Ossowski. Kassel: Röth, 1980, S. 59-71 u. 147-151

Lecouteux, Claude: Nicchus-Nix. In: Euphorion. 78. Bd. (1984), S. 280-288

Lecouteux, Claude : Zur Entstehung der Melusinensage. In: Zeitschrift für deutsche Philologie. 98. Bd. (1979), S. 73-84

Leyen, Friedrich von der: Das deutsche Märchen und die Brüder Grimm. Düsseldorf-Köln: Diederichs, 1964

Loewecke, Else: Über Wassersagenmotive und Wasserdämonen. Ein Beitrag zur Erklärung ihrer psychologischen Entstehung. Heidelberg 1925, Phil. Diss. [Masch.]

Lurker, Manfred: Lexikon der Götter und Symbole der alten Ägypter. Handbuch der mystischen und magischen Welt Ägyptens. Darmstadt: Wissenschaftliche Buchgesellschaft, 1987

Mallet, Carl-Heinz: ... und rissen der schönen Jungfrau die Kleider vom Leib. Männlichkeitsmodelle im Märchen. Solothurn-Düsseldorf: Walter, 1995

Markale, Jean: Die keltische Frau. Mythos, Geschichte, soziale Stellung. Herausgegeben und aus dem Französischen übersetzt von Wieland Grommes. München: Dianus-Trikont, 1984

Müller, Lutz und Anette: siehe Wörterbuch der Analytischen Psychologie
Mulack, Christa: Im Anfang war die Weisheit. Feministische Kritik des männlichen Gottesbildes. Stuttgart: Kreuz, 1988
Nack, Emil/ Wägner, Wilhelm: Hellas. Land und Volk der alten Griechen. Wien-Heidelbar: Carl Ueberreuter, 1955
Neumann, Erich: Die Große Mutter. Der Archetyp des Großen Weiblichen. Zürich: Rhein, 1956
Neumann, Erich: Über den Mond und das matriarchale Bewusstsein. In: E. N. : Zur Psychologie des Weiblichen. Umkreisung der Mitte. Aufsätze zur Tiefenpsychologie der Kultur. Band 2. Zürich: Rascher, 1953, S. 67-122
Ninck, Martin: Götter und Jenseitsglauben der Germanen. Jena: Diederichs, 1937
Ninck, Martin: Wodan und germanischer Schicksalsglaube. Jena: Diederichs, 1935
Nitschke, August: Soziale Ordnungen im Spiegel der Märchen. Band 1: Das frühe Europa. Stuttgart-Bad Cannstatt: Frommann, 1976
Ranke, Friedrich: Einleitung. In: F. R. : Die deutschen Volkssagen. München: Beck, 1910, S. VII-XVII
Ranke, Kurt, Enzyklopädie: siehe Enzyklopädie des Märchens. Bd. 1-4
Ranke, Kurt, Volksmärchen: siehe Schleswig-Holsteinische Volksmärchen
Ranke, Kurt/ Brednich, Rolf Wilhelm, Enzyklopädie: siehe Enzyklopädie des Märchens. Bd. 5-10
Riedel, Ingrid: Die weise Frau in uralt-neuen Erfahrungen. Der Archetyp der alten Weisen im Märchen und seinem religionsgeschichtlichen Hintergrund. Olten-Freiburg i. Br.: Walter, 1989
Rölleke, Heinz: Grimms Märchen und ihre Quellen. Die literarischen Vorlagen der Grimmschen Märchen synoptisch vorgestellt und kommentiert. Trier: Wissenschaftlicher Verlag, 1998
Scherf, Walter: Das Märchenlexikon. 2 Bde. München: Beck, 1995
Schleswig-Holsteinische Volksmärchen (ATh 300-402). Aus den Sammlungen der Kieler Universitätsbibliothek, der Schleswig-Holsteinischen Landesbibliothek und des Germanistischen Seminars der Universität Kiel. Herausgegeben und mit Anmerkungen versehen von Kurt Ranke. Kiel: Ferdinand Hirt, 1955
Schliephacke, Bruno P. : Bildersprache der Seele. Kleines Lexikon zur Symbolpsychologie. Das zeitlose Wesen symbolischer Gestalten in Märchen, Mythen, Sitten, Gebräuchen und Träumen. Berlin: Telos, 1970
Schliephacke, Bruno P. : Märchen, Seele und Sinnbild. Neue Wege zu altem Wissen. Münster: Aschendorff, 1974

Solms, Wilhelm: Die Moral von Grimms Märchen. Darmstadt: Wissenschaftliche Buchgesellschaft, 1999

Stamer, Barbara: Einleitung. In: Märchen von Nixen und Wasserfrauen. Herausgegeben von Barbara Stamer. Mit Originalscherenschnitten von Hedwig Goller. Frankfurt a. M. : Fischer Taschenbuch, 1987, S. 9-40

Wasserziehr, Gabriele: Märchen für Erwachsene. Symbolische Lektüren. Frankfurt a. M. : Fischer Taschenbuch, 1997

Wilpert, Gero von: siehe dtv-Lexikon der Weltliteratur

Wörterbuch der Analytischen Psychologie. Herausgegeben von Lutz und Anette Müller. Düsseldorf-Zürich: Walter-Patmos, 2003

Zingsem, Vera: „Der Himmel ist mein, die Erde ist mein". Göttinnen großer Kulturen im Wandel der Zeiten. Tübingen: Klöpfer & Meyer, 1995

opus magnum

www.opus-magnum.de

Unsere Themen: ... Anima - Animus - Archetyp - Assoziationsexperiment - Bewusstsein - Beziehung - Einheitswirklichkeit - Extraversion - Ethik - Ganzheit - Gottesbild - Humor - Imagination - Integration - Individuation - Introversion - Komplex - Kreativität - Krise - Kunst - Lebenskunst - Lebenskultur - Lebensmitte - Mandala - Märchen - Meditation - Methoden - Mythos - Mysterium Coniunctionis - Natur - Paar - Persona - Psychodrama - Polarität - Religiosität - Sandspiel - Schatten - Schöpferisches - Selbst - Sinn - Spiritualität - Symbolik - Traum - Unbewusstes - Unus Mundus - Wandlung ...

Der Internet-Verlag opus magnum veröffentlicht aktuelle wie auch vergriffene Bücher, Manuskripte, Seminarunterlagen und Texte zu allen Themen der Analytischen Psychologie und einer integralen Lebenskultur.

Die Texte sind zum großen Teil kostenlos als Dateien zum Lesen oder Herunterladen bei www.opus-magnum.de, aber auch als Print-Ausgaben im Buchhandel erhältlich.

opus magnum gibt auch die Zeitschrift „Jung-Journal“ heraus, das Forum für Analytische Psychologie und Lebenskultur (www.jung-journal.de)

Unsere Autoren: ... K. U. Adam, M. Battke, E. Barz, H. Barz, U. Bez, E. Brehm, H. Dieckmann, T. Evers, D. Flügge, H. Hark, P. Haerlin, M. Horine, M. Jacoby, R. Kachler, M. Kassel, V. Kast, R. Kaufmann, D. Laitenberger, C. Lutz, H. Mantel, C. Meier-Seethaler, E. Neumann, L. Müller, W. Obrist, H. Obleser, J. Rasche, A. Ribi, I. Riedel, G. Rieß, G. Rittgardt, B. Romankiewicz, G. Sauer, G. Schoeller, F. Schröder, A. Seifert, T. Seifert, U. Steffen, G. Walch, G. Wehr, H. Wöller ...